歷代經濟變革得失

得失

吳曉波 著

道之將行也與，命也；道之將廢也與，命也。

孔丘
《論語・憲問》

史家對以往史實的興趣，永遠與他對當前生活
的興趣連成一體。

〔義大利〕克羅齊
《作爲思想和行動的歷史》

青春逝去，光陰荏苒，人屆中年；人生苦短，
活動範圍日蹙。……我只能考慮當代主題。實
踐上，公衆感興趣、我也感興趣的只有我們時
代的事。

〔法國〕托克維爾
與友人的信

目　　錄
Contents

研究中國的方法

崛起或崩潰，是一個問題

　　關於中國經濟變革的爭論一直存在，但從來沒有像當前這樣兩極化。

　　根據英國《經濟學人》雜誌出版的《2050年趨勢巨流》（*Megachange: The World in 2050*）一書中的計算，中國經濟將在2030年前後超過美國，成爲全球第一大經濟體，到2050年，中國的經濟總量將占全球的20%。[①]《經濟學人》的數據與中國經濟學家林毅夫的計算[②]基本一致。在此基礎上，曾經出任美國財政部部長、哈佛大學校長的勞倫斯・薩默斯進而給出了一個歷史性的長期結論，在他看來，300年以後的歷史書會把冷戰的結束作爲第三等重要的事件，把伊斯蘭世界和西方世界的關係作爲第二等重要的事

---

　　① 丹尼爾・富蘭克林、約翰・安德魯斯：《經濟學人權威預測：2050趨勢巨流》，羅耀宗譯，天下雜誌股份有限公司2012年版，第217—218頁。

　　② 林毅夫：《解讀中國經濟》，北京大學出版社2012年版，第9頁。

件,而頭等重要的事件是發展中國家的崛起,尤其是中國和印度的崛起,以及這些國家與發達國家的關係和互動。①

對於西方人來說,面對中國經濟崛起這一事實,最困難的不是預測和計算,而是如何解釋。

2013年1月,諾貝爾經濟學獎得主、年屆103歲高齡的羅納德‧科斯出版《變革中國:市場經濟的中國之路》一書。在過去幾年裏,這位當世最高壽的經濟學家對中國經濟產生了濃厚的興趣——儘管他從未踏上過這個陌生國家的土地,在2008年,中國改革開放30年之際,他自己出資在芝加哥召開中國經濟轉型研討會,之後又傾力完成了這部著作。在這本書裏,科斯對中國經濟變革給出了三個基本性結論:一是「最偉大」,他認同經濟學家張五常的觀點,認為開始於1978年的中國經濟轉型是「歷史上最為偉大的經濟改革計畫」;二是「非計畫」,「引領中國走向現代市場經濟的一系列事件並非有目的的人為計畫,其結果完全出人意料」;三是「意外性」,科斯將中國的崛起視為哈耶克「人類行為的意外後果」理論的一個極佳案例。他的這三個基本性結論表明,在現有的制度經濟學框架中無法完整地解釋中國經濟的崛起。②

與上述聲音相比,另外的相反性意見似乎更為尖銳。

2012年初,同為諾貝爾經濟學獎得主、因準確預言1997年亞洲

---

① 陳晉:《哈佛經濟學筆記》,江蘇文藝出版社2010年版,第35頁。

② 羅納德‧科斯、王寧:《變革中國:市場經濟的中國之路》,徐堯、李哲民譯,中信出版社2013年版,「序」第1頁。

金融危機而廣為人知的保羅・克魯格曼在《紐約時報》發表專欄文章，認為中國經濟正在崩潰。他的主要論據是，中國居民消費支出只占國民生產總值（GNP）的35%，更多依靠貿易順差維繫工業的正常發展，更為嚴重的是中國投資支出占國內生產總值（GDP）的50%，而其中很大程度上是由不斷膨脹的房地產泡沫造成的，這與美國發生金融危機前的情況非常類似。他在文章的結尾調侃：「世界經濟已經飽受歐洲金融危機之苦，我們真的不需要一個新的危機發源地。」幾乎同時，美國《外交政策》雜誌也刊載了題為《2012年中國即將崩潰》的文章，認為中國的體制、法律、經濟結構、人口結構等問題會成為即將崩潰的原因。

在華人經濟學家中，長期悲觀論頗為流行，不少自由派學者否認中國模式的存在。耶魯大學的黃亞生教授多次撰文認為「中國經濟的發展模式並不獨特」，在他看來，「如果以亞洲各主要工業國經濟起飛的不同年份作為出發點來比較，中國經濟的增長速度並不足為奇。無論是中國的成功經驗還是發展困境，都不是中國特有的，都可以從世界其他國家的身上找到影子」。①

經濟學界的兩極化分歧不但沒有消解中國經濟崛起的魅力，反而使之顯得更加迷人。當理論和數據都無法給予清晰判斷的時候，我想起了約瑟夫・熊彼特的那句名言：「人們可以用三種方式去研

---

① 郭觀：《黃亞生：「中國模式」並不獨特》，《國際金融時報》2011年7月1日，第2版。

究經濟：通過理論、通過統計和通過歷史。」於是，回到「中國歷史的基本面」，從歷代經濟變革中探研得失，尋找規律與邏輯，也許是一次不錯的探險。——這正是本書創作的起點。

「分久必合，合久必分」，是誰家的「大勢」？

每一個中國男孩，幾乎都是從《三國演義》開始瞭解本國歷史的。我讀書讀到小學三年級的時候，從鄰居家的舊書架上撈到一本泛黃毛邊、繁體字版的《三國演義》。展卷閱讀，羅貫中先生的第一行字就把11歲的我給鎮住了：「話說天下大勢，分久必合，合久必分。」

直到30多年後，在書堆裏埋頭日久的我才突然抬起頭來，想找羅先生問幾個問題：為什麼天下大勢必須「分久必合，合久必分」？為什麼不可以分了就不再合？為什麼合了就必定會再分呢？「分久必合，合久必分」，到底是「中國的大勢」，還是「天下的大勢」？

這些當然是非常有挑戰性的學術問題，美國歷史學會會長、中國史專家魏斐德甚至將最後一個問題看作西方歷史與東方歷史的「區別點」。

中國與歐洲在早期都是從部落制進化到了城邦制，東方的春秋戰國正與西方的古希臘同期。孔子周遊列國的時候，畢達哥拉斯正在義大利南部傳授幾何學；孟子出生的時候，亞里斯多德是一位12歲的翩翩少年。西元前360年，東方發生了第一次重要的集權式變

法——商鞅變法，西方則在西元前356年出現了亞歷山大帝國。漢武帝（前156—前81年）進行中央集權制度的試驗時，西方的凱撒大帝（前102—前44年）也讓高度集權的帝制替代了共和制。從西元前2世紀到西元3世紀，東西方世界分別出現了雙峰並峙的、大一統的大漢王朝與羅馬帝國。西元184年，漢帝國陷入內亂，之後進入了將近四百年的三國魏晉南北朝時期，羅馬帝國也在外族的侵略下分崩瓦解。之後，東西方歷史突然開始了「大分流」。中國在西元589年重新實現了統一，從此再也沒有長期分裂過。而歐洲進入黑暗的中世紀，經歷了漫長的封建制時期，便再也沒有統一過，儘管在2000年出現了歐元，實現了貨幣意義上的「統一」，可是在2008年的金融危機之後，歐元的存廢又成了一個眾說紛紜的話題。魏斐德的問題正是：「在世界上第一批帝國——羅馬和漢朝——崩潰後，中國歷史和歐洲歷史為何差異起來呢？」

　　這似乎是一個很難有標準答案的歷史懸案，你盡可以從地理條件、民族心理、宗教語言以及偶然性等角度來給出解釋。魏斐德給出的答案很簡潔，但在我看來卻像手術刀一樣精準，他說，「統一是中國的一種文化」。　①

　　統一的文化為中國贏得了歷史性的榮光，在《歷史研究》一書中，英國歷史學家湯因比稱中國為「唯一延續至今的社會」，根據他的統計，人類歷史上出現過21個文明社會，其中，中國社會是文

---

① 魏斐德：《講述中國歷史》，梁禾主編，東方出版社2008年版，第29頁。

明特徵保留得最爲完整的樣本。而這一成就正得自於「統一的文化」。

中國人最害怕、最不願意、最討厭、最不能容忍的事情，就是「分裂」。統一是一個宿命般的、帶有終極意義的中國文化，是考察所有治理技術的邊界，儘管統一本身並不能保證政治和經濟的發展，甚至連湯因比都無法確認統一到底是「目的本身」，還是「達成目的的手段」，不過他確定地認爲：「大一統國家的成功崛起最終終結了『亂世』，親身經歷了這一過程的一代人對於大一統國家自然是無比嚮往、感激涕零。」①

任何選擇都有代價，統一也不例外。若將這個漢字組合拆解開來，「統」者「歸總」，「一」者「劃一」，這個詞的背後隱隱約約地站立著三個讓人望而生畏的「怪物」：集權、獨裁、專制。這似乎是一枚硬幣的兩面，你別無選擇。

兩個研究工具及兩個結論

在一個疆域遼闊、人口衆多、民俗紛雜的地區維持長期統一，是一項十分艱巨的工作，治國者必須在社會各階層的利益分配和基本制度建設上有卓越的智慧，由此，我得出了兩個觀察和分析的工具。

---

① 阿諾德·湯因比：《歷史研究（下卷）》，郭小凌、王皖強等譯，上海人民出版社2010年版，第590頁。

首先是四大利益集團博弈法。

我認為，發生於歷史以及當下的所有中國問題，是中央政府、地方政府、有產階層和無產階層，這四大利益集團互相爭鬥、博弈和妥協的結果。

中央政府	地方政府
無產階級	有產階級

四大利益集團格局圖

其次是四大基本制度分析法。

與其他國家相比，中國最獨特之處在於，我們是唯一保持了兩千年中央集權制度的國家，也是當今世界上前三十大經濟體中唯一保持這一制度的國家。這種中央集權、大一統的國家模式並非一日建成，它經歷了一個漫長、血腥和充滿探索的過程。對於專制者來說，想要維持集權統治，必須在中央與地方的權力分配模式、全民思想的控制模式、社會精英的控制模式以及與之相配套的宏觀經濟制度模式這四個方面完成制度建設。中國歷史上的眾多制度創新，從本質上來說，都圍繞著四大基本制度而展開。在前工業文明時期，它們分別呈現為——

郡縣制度：為了保證帝國的穩定，在政治上必須保證中央的人事任命權，避免地方割據勢力的滋生；

尊儒制度：扼殺「百家爭鳴」的學術傳統，以實現全民在意識形態上的大統一；

科舉制度：通過公平的考試制度，將社會精英吸納到體制之內為我所用；

國有專營制度：在經濟上，實行重要資源的國營化壟斷，以控制國計民生。

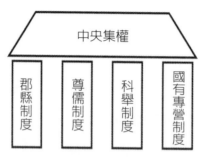

中央集權與四大基本制度

這四個基礎性制度，如四根「支柱」共同支撐起集權政體的「大廈」，它們的共性就是追求各個利益集團在行爲及思想上的一致性，維持「自上而下的控制」。歷經上千年的打磨和探索，這些制度日漸趨於精緻完善，在明清時期達到巔峰。如梁啓超所言：「中國爲專制政體之國，天下所聞知也。雖然，其專制政體，亦循進化之公理，以漸發達，至今代而始完滿。」[①]在這個意義上，中國實在是大一統制度的「故鄉」。及至於近當代，中國在全球化浪潮的推動下開始了艱難的現代化轉型，上述四大制度中的很多內容都發生了重大改變，但是，維持大一統、實行威權治理的基本理念無實質性更變，因此，制度創新的目標與手段依然共軌同轍，體現

---

① 梁啓超：《李鴻章傳》，百花文藝出版社2000年版，第8頁。

出鮮明的延續特徵。對於面向未來的中國變革，此乃最為嚴峻的命題之一。

本書正是沿著歷史的脈絡，以經濟制度的變革為核心主題，做一次跨時空的平鋪直敘。

在第一講和第二講中，我將講述中國在完成大一統之前的兩次重要變法——西元前7世紀的「管仲變法」和西元前4世紀的「商鞅變法」，管仲的「四民分業」思想、鹽鐵專營政策以及商鞅在土地私有化、郡縣制、戶籍制、軍爵制上的大膽試驗，皆具開創之功，它們分別提供了兩個頗為極致的治理模型，如同左右極般地站在後世歷次變革的兩端。

第三講「漢武帝變法」是一個重點，在這場長達半個世紀的大變革中，中國完成了帝國模式的建設，漢武帝宣導「獨尊儒術」奠定了全民思想控制的基本模式，他圍繞產業、流通、貨幣及財稅等核心經濟命題，施行了史上第一次整體配套體制改革，其頒佈的諸多經濟政策為後世所借鑒仿效。第四講的「王莽變法」，是一位儒生皇帝對漢武帝的極端化模擬，這是歷史上第一次，也是非常短命的古典社會主義試驗。

第五講和第六講，分別講述中華文明史上最繁榮鼎盛的兩個朝代——唐朝和宋朝的政治經濟變革。唐太宗以史上最小之政府造就最強之帝國，開創了盛極一時的「貞觀之治」，然而130年後，制度上的缺陷使唐朝難逃「安史之亂」的劫難。宋太祖果斷地削奪了地方藩鎮的權力，化解了地方政府對中央政府的權威挑戰，有宋一朝在經濟制度上的創新為歷代之最，北宋後期的「王安石變法」更

是一次轉折性事件，是帝制時期的最後一次整體配套體制改革，東西方文明也在此時分道揚鑣。

第七講「明清停滯」試圖回答這些問題：為什麼在經歷了上千年的發展後，中國會掉進長達500年的「高水平停滯」陷阱；明清兩朝的閉關鎖國政策是一次膽怯的被動行為，還是自信的主動決策；中國人在經濟創新和科技創新上的能力退化是怎麼發生的；「男耕女織」的社會經濟形態是如何形成的。

從第八講「洋務運動」開始，中國以「東亞病夫」的姿態被拽入全球化洪流，重新駛上積極變革的軌道，這是中國歷史上的第一次輸入式改革，其過程痛苦被動，耗盡一代精英的心血。晚清的洋務運動與日本的明治維新幾乎同時起步，卻造成完全不同的國運結局，期間發生的兩次「國進民退」事件值得後人警惕。

第九講「兩個民國」提供了兩個從理念到模式均南轅北轍的變革樣本，一個是極度自由放縱的市場經濟運動，另一個是以「統制經濟」為名義的集權變革，無一例外的是，它們都以失敗告終。中國的現代化運動在這一時期實際上已陷入進退維艱的閉環型矛盾之中。

第十講、第十一講和第十二講是關於中華人民共和國的經濟變革簡史，1949年之後的20多年間，進行的是一場意識形態氣息濃烈、以消滅私人資本為目標的計畫經濟大試驗，它曾經取得過輝煌的經濟成就，然而最終將中國拖進了一個停滯混亂的泥潭。1978年之後的改革開放則又分為「放權讓利」和「集權回歸」兩個階段，中國崛起為全球第二大經濟體，而體制上的種種羈絆又讓改革的長

期前途顯得撲朔迷離。

上述十二講，始於遙遠的西元前7世紀，止於當下的2013年，漫長的敘述宛如一次疲倦的旅行，對於寫作者和閱讀者都是一次智力與體力的考驗。在閉門創作的日日夜夜裏，我常有與古人對弈復盤的感慨，有時一起歡愉，有時一起快意，有時一起沮喪，相與辯駁，東西參詳，終於體會到錢穆所謂「對古人懷有溫情之敬意」的心境。1993年諾貝爾經濟學獎得主道格拉斯‧諾斯嘗言：「關於政治經濟、經濟發展、經濟時代問題，都要理解決策者背後的思想模式和意識形態。所謂的意識形態，就是一群人對環境的解釋，以及對該環境如何調理出秩序，所提出對策背後一套共有的思想模式。」在這本書中，我放棄了批判者的姿態，而更希冀以建設性的理性心態，探研本國的歷史軌跡及可能的前途。也因此，我在十二講之後，又增寫「回到歷史的基本面」一節，就「統一文化」、政治體制改革以及經濟發展之間的關係進行了思考，同時，為未來的中國經濟變革提供一些基礎性的判斷。

在這本書中，我將提出兩個也許會引起爭議的結論：**第一，最近三十多年的經濟大崛起與其說是「人類行為的意外後果」，倒不如說是兩千年經濟變革史的一次合理性演進，我們迄今仍有陷入歷史的閉環邏輯的危險；第二，中國經濟制度上的「結構性缺陷」，是一個「建設性結果」，它與維持千年統一的中央集權制度有密不可分的重大關係。**

第一講 |

管仲變法：
兩千多年前的「凱恩斯主義」

第一講

管仲變法：
兩千多年前的「凱恩斯主義」

　　中國歷代的經濟變革，應從西元前8世紀的春秋說起。

　　春秋之前，只有「天下」，而沒有「國家」。周天子封疆裂土，一千多個諸侯國恪守秩序，相安無事，因此沒有任何求變的動機及欲望。西元前771年，周幽王「烽火戲諸侯」被犬戎殺死，西周終結。從此，天子權威喪失，各國開始火拼，爭強求富就成了新的時代主題，孔子稱之爲「禮崩樂壞」，我們則視之爲變革的發生。所謂國家，從來是血腥競爭的產物，這是舉世之公理。

　　從統治者的策略來說，兩千年的經濟變革以千年爲界，切爲兩截，從春秋時期到12世紀的北宋，變革是基於擴張的需求，而之後到18世紀初期的「康乾盛世」則以穩定爲主題。及至近當代，從洋務運動到現今，則出現了救亡、擴張、穩定，再擴張、再穩定的多個主題變奏，這期間的反覆徘徊，值得我們細細體味。

　　春秋有「五霸」，首霸者爲齊桓公，齊國之盛，正是第一場經濟大變革的結果。周朝的政治、經濟和文化中心在黃河中游，而齊國地處偏遠的膠州半島，很像改革開放之初的廣東、福建，地狹、濱海、遠離中央政治中心，齊國的開國者是姜尙公，非姬姓王族，

變法之初，屬邊遠小國。所以，自古以來，弱者就是變革的發動機。中國從第一次搞經濟變革開始就呈現出一個鮮明的特點：觀念的優先往往比資源的優先更重要。

特別有趣的是，齊桓公並不是一個有遠大志向的君主，此公自詡有「三好」，好吃、好田、好色，輔佐他的人叫管仲，是一個戰場逃兵和很失敗的商人，曾經「三辱於市」。就是這樣的「三好先生」和失意商人，聯起手來，完成了中國歷史上第一場，也許是最成功的經濟大變革。

被嚴重誤讀的「士農工商」

在漫長的前工業時期，經濟治理的流派無非兩種，一個是重農主義，一個是重商主義。哈耶克認為，東西方的早期文明都是重農輕商，對商業的厭惡是一個共同的早期傳統。[1]古希臘思想家柏拉圖在《理想國》中把國民分為三等：第一等是哲學家，第二等是戰士，第三等是商人、手工業者和農民。在中國，儒家孟子輕蔑地把商人稱為「賤丈夫」。[2]然而，商人出身的管仲，是極其少數的重

---

[1] 弗里德里克·A.哈耶克：《致命的自負》，馮克利譯，中國社會科學出版社2000年版，第101—102頁。書中寫道：「對商業現象的鄙視——對市場秩序的厭惡，並非全都來自認識論、方法論、理性和科學的問題。還有一種更晦暗不明的反感。⋯⋯對生意人的仇恨，尤其是史官的仇恨，就像有記錄的歷史一樣古老。」
[2] 《孟子·公孫丑下》：「古之為市也，以其所有易其所無者，有司者治之耳。有賤丈夫焉⋯⋯征商自此賤丈夫始矣。」

商主義者。管仲興齊，用的正是商人的辦法，司馬遷評論他的當國之道時曰：「其爲政也，善因禍而爲福，轉敗而爲功，貴輕重，愼權衡。」也就是說，管仲最擅長的是配置資源，提高效率，以妥協和謹愼的方式重建各種秩序，很有「企業家精神」。

管仲變法中有一項頗爲後世熟知、引起最大誤讀的政策：「四民分業，士農工商」。

這一政策的要點是，把國民分成軍士、農民、工匠、商賈四個階層，按各自專業聚居在固定的地區。《國語‧齊語》記載，管仲規畫士鄉十五個，工商之鄉六個，每鄉有兩千戶，以此計算，全國有專業軍士三萬人，職業的工商臣民一萬兩千人（均以一戶一人計算）。此外，在野的農戶有四十五萬戶。

管仲認爲，四民分業有四個好處：一是「相語以事，相示以巧」，同一行業的人聚居在一起，易於交流經驗，提高技藝；二是「相語以利，相示以時」、「相陳以知價」，對促進商品生產和流通有很大作用；三是營造專業氛圍，使民衆安於本業，不至於「見異物而遷焉」，從而造成職業的不穩定性；四是無形中營造良好的社會教育環境，使子弟從小就耳濡目染，在父兄的薰陶下自然地掌握專業技能。①

專業分工、子承父業的制度讓齊國的製造業技術領先於其他國

---

① 《管子‧小匡》：「少而習焉，其心安焉，不見異物而遷焉，是故其父兄之教不肅而成，其子弟之學不勞而能。」

家，《考工記》對齊國手工業作坊有很多記錄，以絲綢為例，我國最早出現的絲織中心就在齊國首都臨淄，當時，臨淄生產的冰紈、綺繡、純麗等高檔絲織品，不僅齊國國內供給充分，還大量暢銷周邊各諸侯國，乃至「天下之人冠帶衣履皆仰齊地」。

把社會各階層按職業來劃分管理，管仲是歷史上的第一人，這種專業化的商品經濟模式，自兩漢以來被尊奉為基本形態及指導原則。細緻的職業化分工及世代相傳的制度安排，是中國早期文明領先於世界的重要原因之一。臺灣學者趙岡認為：「中國的社會職能分工比歐洲早了至少一千年，主要的傳統生產技術(工業革命前的非機器生產技術)在中國出現的時間也比歐洲早八百年至一千年。」他甚至認為：「明清以前的產品商品率未必就比明清時期低。」①自秦以後，嚴格意義上的「四民分業」就被揚棄了，不過它成了戶籍制度的雛形，而匠籍制度一直沿用到清朝。

引起重大誤讀的是「士農工商」。

後人論及於此，先是用知識份子或有學問的官吏替代了軍士，然後，又認為這是尊卑排序，以士為首，農次之，以工商為末，這就形成了所謂的「末商主義」。而實際上，管仲提出的「士農工商」，乃並舉之義，並沒有先後尊卑之分。

古人對工商的態度有過數度戲劇性的轉變。

遠古的中國人似乎並不輕商。早在殷商時期，人們非常樂於、

---

① 趙岡、陳鐘毅：《中國經濟制度史論》，新星出版社2006年版，第368頁。

善於經商及從事手工製造業。商亡周興之後，周朝的建國者們在反思商朝滅亡的教訓時認爲，殷商之亡就是因爲民眾熱衷工商而荒廢了農業，造成民心浮躁，國基不穩。因此，轉而推行鄙視工商的重農政策。在周制中，工商業者的地位非常低賤，金文中「百工」常與處於奴隸地位的臣、妾並列。《易·遯卦》曰：「君子以遠小人，不惡而嚴。」《逸周書·程典》曰：「士大夫不雜於工商。」《禮記·王制》曰：工商「出鄉不與士齒」。也就是說，士大夫必須遠離商人，絕對不能與工商業者混居在一起，工商業者離開居住地則不得與士大夫交談。《周禮·地官·司市》中還規定，貴族們不能進入市場進行交易，否則就會受到懲罰。

管仲的立場則完全不同，他將「工商」與「士農」並列，認爲這些人是「國之石民」，他說：「齊國百姓，公之本也。」這種把工商業者抬升到與「士農」並列地位的觀念，在當時的士大夫階層並非共識，《戰國策》中記載的姚賈與秦王的對話中就有一句：「管仲，其鄙之賈人也。」對管仲的商人經歷頗爲鄙視。當代史家李劍農依據《史記》、《國語》和《左傳》中的記載斷定：「中國商業之開化，當以齊爲最早。」[①]

如果當年管仲提出「士農工商」，是以「士農」爲優，「工

---

① 《史記》論述姜尙治齊，「太公至國，修政，因其俗，簡其禮，通商工之業，便魚鹽之利，而人民多歸齊」。李劍農的觀點參見其《先秦兩漢經濟史稿》，讀書·生活·新知三聯書店1957年版，第69頁。

商」末之,那就很難理解之後的變法政策了。

「放活微觀,管制宏觀」

管仲將四民並列,不僅僅是他個人的意識與覺悟,更是他的治國理念的體現。這位具有多年從商經驗的政治家,早已發現工商業的贏利能力大於農業,而振興商品經濟更是增強國力的最佳途徑。他在齊國推行了涉及產業、稅收、價格等多個領域的整體配套改革。他搞的那一套,用現在的話說,就是「放活微觀,管制宏觀」。

所謂「放活微觀」,就是對內刺激商品經濟的發育,對外降低關稅,形成「如水歸壑」的市場聚集效應。

齊國地處海濱,漁業和煮鹽業一向發達,管仲規定,魚鹽可以自由出口,關隘只登記而不予徵稅,以便利諸侯各國。其他的出口商品也實行單一稅制,在關隘徵過了的,在市場上就不再徵了,反之亦然。①

對於前來齊國做生意的商人,他更是大開國門,無盡歡迎,提出「空車來的不要去索取稅費,徒步背東西來的不要去徵稅,這

---

① 《國語・齊語》:「通七國之魚鹽於東萊,使關市幾而不徵,以爲諸侯利,諸侯稱廣焉。」《管子・霸言篇》:「明道以重告之:徵於關者,勿徵於市;徵於市者,勿徵於關。」

樣來的人就會越來越多」。[1] 他還建議齊桓公專門設立招待外國商人的客舍，每三十里有一處，來一乘車者供給本人飯食，來三乘車者供給馬的飼料，來五乘車者配備可供自由調遣的人員。[2] 從此，「天下之商賈歸齊若流水」。

為了活躍市井，管仲甚至首開國營色情業。他在都城臨淄開了七間官辦的妓院（「女市」），每一間有妓女（「女閭」）100人，共700人。管仲以此吸引外來商旅，並大收其稅。在後世，管仲因此被拜為娼妓業的「祖師爺」，如同魯班在木匠業的地位。

在這種自由貿易政策的鼓勵下，可以想見齊國商業的繁榮以及商人的活躍，《戰國策・齊策》如此記載齊國首都臨淄盛極一時的繁華景象：「臨淄甚富而實，其民無不吹竽鼓瑟，彈琴擊筑，鬥雞走狗，六博蹹踘者。臨淄之途，車轂擊，人肩摩，連衽成帷，舉袂成幕，揮汗成雨，家殷人足，志高氣揚。」據計算，臨淄的居民人數達30萬之多，是當時世界上最大規模、最繁華富足的城市，而與其同時的雅典城人口不到5萬。

所謂「管制宏觀」，就是強調政府對經濟的宏觀管理，其手段則是從財政、稅收和價格三方面綜合入手。

在農耕時代，對於國家的內政來說，最重要的商品當然就是糧

---

[1] 《管子・霸言篇》：「虛車勿索，徒負勿入，以來遠人。」

[2] 《管子・輕重乙》：「請以令為諸侯之商賈立客舍，一乘者有食，三乘者有芻菽，五乘者有伍養。」

食——中國自古存在商品糧交易，在相當長的時間裏，商品糧占糧食交易總量的百分之八十。管仲對糧食政策十分重視，在重要的農業稅上，他並不像一般的治國者那樣，要麼橫徵暴斂，要麼一味降低，譬如孟子就認定，國君是否實行仁政，「什稅一」——只徵收百分之十的農業稅是一條鐵線般的標準。① 管仲的政策是兩年徵稅一次，大豐收之年，每年徵百分之十五，中等之年，每年徵百分之十，下等之年，每年徵百分之五，如遇饑荒，則免稅。這一機動稅率，明顯比孟子的「什稅一」要靈活和現實得多。此外，管仲還建立了國儲糧制度，國家採購囤積了大量糧食，其數量足以控制市場糧價的波動，以達到豐饑平衡的功效。管仲對糧食十分重視，他不容許任何人操縱糧價，嚴禁在饑荒之年利用糧食買賣欺壓農民，糧價波動必須由國家掌控，在農耕年代，這一見解無疑非常重要。

管仲還是一個運用價格槓杆來調節經濟和增加國家收入的高手。他曾舉例說，如果國家掌握了大量的布，即不必再徵布稅，而要徵於原材料麻，麻價因課稅漲十倍，布價就可能因此而上漲至五十倍；同理，如果國家掌握了大量的織帛，就可徵課原材料絲的稅，這樣又可使織帛的價格上漲十倍。在對外貿易上，他主張根據不同的情況來控制商品價格，即「因天下以制天下」：如果外國商品的品質高過本國，就提高該商品在本國的銷售價格，以控制外國商品的輸入，如果要鼓勵出口，就要壓低出售價格，「天下高而我下」。

---

① 《孟子‧滕文公上》：「夫仁政……請野九一而助，國中什一使自賦」。

「鹽鐵專營」的始作俑者

在宏觀管制的戰略思想下，管仲最重要的制度創新是鹽鐵專營。它的影響綿延兩千餘年，迄今猶存，幾乎成為中國式中央集權制度的經濟保障。

齊桓公與管仲多次切磋富國之策，齊桓公建議對人口、房屋樓臺、樹木、六畜徵稅，管仲一一否定，在他看來，稅收是有形的，直接向人民收取財物，自然會招致人民的不滿。最好、最理想的辦法是「取之於無形，使人不怒」。[①] 據此，管仲提出了「寓稅於價」的辦法——把稅收隱藏在商品裏，實行間接徵收，使納稅者看不見、摸不著，在不知不覺中就納了稅，而且不至於造成心理上的抵抗。

在具體辦法上，管仲給出了簡單的七個字：「唯官山海為可耳。」——只要把山、海的資源壟斷起來就可以了，山上出鐵礦，海裏產海鹽，是為鹽鐵專賣制度。

在農耕時期，鹽和鐵是最為重要的兩大支柱性產業，無一民眾可以須臾離開。管仲對鹽和鐵的專賣收入做過舉例說明。他說，萬乘之國的人口約為千萬，如按成人徵人頭稅，應繳納者約為一百萬人，每人每月徵三十錢，為三千萬錢。如果進行鹽的專賣，每升鹽

---

① 《管子·國蓄》：「民予則喜，奪則怒，民情皆然。先王知其然，故見予之形，不見奪之理。」

酌量提價出售，每月可能得到六千萬錢，就可望得到一倍於征人頭稅的收入。而在表面上，政府確乎不曾徵稅，不致引起人民的「囂號」反對。不僅在國內如此，還可運鹽出口而獲取重利，這等於煮沸取之不盡的海水就可以迫使天下人向齊國納稅，即「煮沸水以籍天下」。①

鐵的專賣也是一樣。管仲說，大凡一個農戶，無論是從事耕作還是做女工，都需要針、刀、耒、耜、銚、鋸、錐、鑿等鐵製工具，只要在一根針上加價一錢，三十根針就可收三十錢，即等於一人應繳的人頭稅了，由此類推，則全國收入總數亦不下於人頭稅的徵收總額。表面上，國家並沒徵稅，實際是「無不服籍者」。②

管仲提倡鹽鐵專營，但不是主張政府親自下場，創辦國營鹽場或國營鐵廠——後世之人學管仲，認為專營就是國營，多入歧途。

比如鹽業，管仲實行的是專賣政策，開放鹽池讓民間自由生產，然後由國家統一收購。由於控制了鹽業的銷售和產量，進而控制了價格，齊國的鹽銷售到別國去，售價可以抬高到成本價的四十倍，國家和商賈都得利頗豐。

在冶鐵業上，管仲實行的是國有民營。他首先嚴厲地強調了國

---

① 《管子·海王》：「令鹽之重升加分強……千鐘二百萬……禹策之……萬乘之國，正九百萬也。月人三十錢之籍，為錢三千萬。今吾非籍之諸君吾子，而有二國之籍者六千萬。」

② 《管子·海王》：「令針之重加一也，三十針一人之籍；刀之重加六，五六三十，五刀一人之籍也；耜鐵之重加七，三耜鐵一人之籍也。」

家對所有礦山資源的壟斷，所謂「澤立三虞，山立三衡」，他推出法令宣佈，只要一發現礦苗，就馬上要由國家保護和封存起來，有敢於擅自開採者，左腳伸進去的，砍左腳，右腳伸進去的，砍右腳。① 之後，政府又控制了鐵器的定價權，並對所生產出來的鐵器進行統購統銷。在這些前提之下，管仲開放冶鐵作坊業，允許由民間商人自主經營，其增值部分，民商得七成，政府得三成，相當於徵收30%的所得稅。②

由政府控制資源所有權，然後把經營權下放給民間商人，以一定比例分配利潤，這就是後世非常流行的「資產國有、承包經營」的雛形。

鹽鐵專營的政策，對後世政權產生了重大且根本性的影響，在某種意義上，它讓中國從此成為一個「獨特的國家」。我們說「中國特色」，無此為過。

在西方的經濟理論中，國家財政收入的主要來源，甚至唯一的來源是稅賦，在這一點上，無論是社會主義經濟學家或資本主義的自由經濟學派都無分歧。卡爾‧馬克思就曾言，「賦稅是政府機器的經濟基礎，而不是其他任何東西」，「國家存在的經濟體現就是捐稅」。即便在當代的制度經濟學理論中，這一認識也未有改變，

---

① 《管子‧地數》：「苟山之見榮者，謹封而為禁。有動封山者，罪死而不赦。有犯令者，左足入，左足斷；右足入，右足斷。」
② 《管子‧輕重乙》：「與民量其重，計其贏，民得其七，君得其三。」

道格拉斯·諾斯認為，政府是「一種提供保護和公正而收取稅金作為回報的組織，即我們雇政府建立和實施所有權」。①

在西方的法治意識中，從來強調公民的納稅人角色，從14世紀開始，「無納稅人同意不得徵稅」這個理念在法國和英國似乎都牢固地確定了下來。人們經常提起這句話，違反它相當於實行暴政，恪守它相當於服從法律。特別是在美國，商店直接把商品價格與消費稅分列出來，讓你買一杯咖啡都意識到自己在納稅。可是在中國，統治者更願意「寓稅於價」。陳寅恪曾說中國的統治術中有「詐術」的成分在裏面，管仲那句「取之於無形，使人不怒」便是最好的印證。

「管仲變法」之後，中國的政府收入由稅賦收入和專營收入兩項構成，後者的實現，正是通過控制戰略性的、民生必需之物資，以壟斷專賣的方式來達成的。在這種體制內，政府其實變成了一個有贏利任務的「經濟組織」，從而也衍生出一種根深蒂固的治理思想，即國家必須控制「關係到國計民生的支柱性產業」，國有企業應當在這些產業中「處於主導地位」。

在這種經濟環境中，國有企業是那種「看上去像企業的政府」，而政府則是「看上去像政府的企業」，它們從各自的利益訴求出發，成為微觀經濟領域中的逐利集團。這種制度一旦形成，民

---

① 道格拉斯·諾斯、羅伯斯·湯瑪斯：《西方世界的興起》，厲以平、蔡磊譯，華夏出版社2009年版，第11頁。

營企業集團就被間夾其中，進退失措，成爲被博弈的對象。這一中國式經濟體制延續千年，迄今未變，而管仲，正是「始作俑者」。

鼓勵消費的異端思想

管仲的經濟思想中，最爲奇特的一項是鼓勵消費，他甚至宣導奢侈，這在古往今來的治國者中可謂僅見，在《管子》一書中就有一篇奇文《侈靡篇》。

中國歷代的治國思想向來以宣導節儉爲正途，這顯然是長期短缺經濟的必然產物。然而管仲卻提出「儉則傷事」的觀點，在他看來，大家都不消費，就會造成商品流通的減少，從而妨礙生產營利的活動，故曰「傷事」。[①] 要如何才能推動消費？他的答案是，多多消費，甚至無比奢侈地去消費。[②]

管仲的這一論述曾經迷惑了此後數千年的中國學者，很多他的信奉者言及於此，要麼視而不見，要麼顧左右而言他，要麼百般替管仲聲辯。直到近世，歷史學家郭沫若才給予了合理的解釋。郭氏認爲：「他是肯定享樂而反對節約的，他是重視流通而反對輕視商業的，他是主張全面就業而反對消極賑濟的，爲了能夠全面就業，他主張大量消費，甚至主張厚葬。他的重點是放在大量消費可以促

---

① 《管子·乘馬》：「儉則金賤，金賤則事不成，故傷事。」
② 《管子·侈靡》：「問曰：興時化若何？莫善於侈靡。」

進大量生產這一面。因而在生產方面該如何進行，如何改進技術之類的話，他就說得很少，幾乎可以說沒有。」①

管仲倡導奢侈的理由是，「丹砂之穴不塞，則商賈不處。富者靡之，貧者爲之」。就是說，只要不人爲地堵塞利源，商賈就會日夜不息地從事營運而不知休息，而富裕的人只有不斷地消費，貧窮的人才有工作可做。爲了強化自己的觀點，管仲甚至做過極端的比喻，他建議在煮蛋之前應先加雕繪，在燒柴之前要先加雕刻——「雕卵然後瀹之，雕橑然後爨之。」

管仲本人就是一個富足的享樂主義者。孔子說他的奢侈堪比國君——「其侈逼上」，《史記》說他「富擬於公室」。據《韓非子》和《論語》等書記載，齊桓公把齊國市租的十分之三賜歸於管仲。

當然，作爲一個成熟的政治家，管仲對侈靡的推崇，並不僅僅爲了自己的享樂。在《管子·乘馬數》中，他談及了一個非常先進的觀點。他說，每當年歲凶歉的時候，人民沒有本業可做，國家就應該進行宮室臺榭的修建，以促進人民就業，尤其要雇用那些喪失了家產的赤貧者。這時候修築宮室，不是爲了享樂，而是爲了促進就業，平衡經濟。

這種通過政府的固定資產投資來刺激經濟復甦、促進就業的做法，西方人在兩千多年後才學習到手，以1929年的世界經濟大蕭

---

① 郭沫若：《侈靡篇的研究》，《歷史研究》1954年第3期。

條為例，當時的美國、德國等無一不是採用了這樣的政策，才走出
低谷。可是在兩千多年前，管仲就有這樣的智慧，確實是讓人驚歎
的。據美籍華人經濟學家楊聯陞的考據，在漫長的中國經濟史上，
除了管仲，只有宋代的范仲淹等極少數人曾經有過類似的思想。[①]

「以商止戰」與和平稱霸

管仲最核心的，也是最被後人所漠視的治國思想是「以商
止戰」。

「止戰」──防止戰爭(無論是內戰還是外戰)是治國的第一要
義。後世思想家提出過很多「止戰」的主張，如墨家、道家提倡
「以農止戰」，法家是「以戰止戰」，儒家是「以仁義止戰」，明
清兩朝是「以閉關鎖國止戰」，及至晚清時，魏源、鄭觀應提出
「兵戰商戰」之論，凡此種種都不同於管仲的「以商止戰」。

就國家內政而言，「以商止戰」就是發展商品經濟，讓國民富
裕而不至於造反。

管仲有很強烈的民本思想。他說：「政之所興，在順民心。」
他不主張用嚴酷的刑罰來威懾百姓，因為「刑罰不足以畏其意，殺

---

① 楊聯陞：《國史探微》，新星出版社2005年版，第128頁。據楊聯陞的學生余英時考
據，到了16世紀的明朝，出身商賈世家的陸楫又重拾管仲之論，提出「吾未見奢侈之足以貧
天下也」(陸楫《蒹葭堂雜著摘抄》)，而那時正是「士儒合流」的年代。歐洲思想界在17、
18世紀才有類似的思想，較著名的有曼德維的《蜜蜂宣言》(1727年)。參見余英時的論文
《士商互動與儒學轉向》。

戮不足以服其心」。

那麼如何才能做到「順民心」？管仲的答案是要「從其四欲」，即「百姓厭惡勞苦憂患，我就要使他們安逸快樂；百姓厭惡貧困低賤，我就要使他們富足顯貴；百姓厭惡危險災禍，我就要使他們生存安定；百姓厭惡滅種絕後，我就要使他們生養繁衍」。他認為，為政者只要懂得這些道理，把給予看成是取得，就是從政的法寶了。[1] 基於此，管仲提出了那句非常出名的格言：「倉廩實則知禮節，衣食足則知榮辱。」

在諸國中，齊國是食鹽、冶鐵以及絲綢的輸出國，是稅率最低的自由貿易區，是糧食產銷最穩定的國家。管仲的經濟改革，在一定程度上也是中產階級的勝利。

就與各諸侯國的關係而言，「以商止戰」就是擴大對外貿易，並以軍事的威懾力維持均衡。

齊國因經濟改革成功而坐擁最強之國力，它有三萬裝備精良的軍士，當時無人敢於爭鋒，管仲卻鮮用兵征伐四野。終齊桓公一代，只滅過譚、遂兩個小國，甚至當宋、鄭等鄰國發生了內亂之後，管仲還設法幫助其君主復國。

齊桓公曾多次召集諸侯會盟，儼然成為諸國的盟主，《史記》說他「九合諸侯，一匡天下」，也就是九次召集各國諸侯到齊國開

---

① 《管子‧牧民》：「民惡憂勞，我佚樂之；民惡貧賤，我富貴之；民惡危墜，我存安之；民惡滅絕，我生育之……故知予之為取者，政之寶也。」

會，每次會盟，除了炫耀國力之外，重要的內容就是以霸主身份統一各國的關貿稅賦。西元前679年（齊桓公七年），齊國會盟諸侯，達成關稅協定，市場交易的稅賦爲百分之二，進出口關稅爲百分之一。第二年，齊國再度會盟諸侯，規定與會各國要修建道路，劃一度量標準，統一斤兩稱數。[①] 管仲的這些做法，好比是在創建一個區域經濟的關稅同盟體，這在兩千多年後的今天，仍然是國際貿易的遊戲慣例。

當齊國與周邊國家關係不協時，管仲似乎更樂於用商戰的辦法來削弱其他國家的勢力。在《管子·輕重戍》中便記載了一則十分精彩的案例——

魯國和梁國都是東方的大國，特別是魯國，向來與齊國並稱「齊魯」。魯、梁兩國的民衆擅長織綈，這是一種厚實而光滑的絲織品，用它裁剪而成的衣服是當時最高檔的服裝。管仲就懇請齊桓公帶頭穿綈衣，還讓他的左右侍從也跟著穿。很快，穿綈織的衣服成了齊國上下的時尚。雖然綈的需求量猛增，供不應求，管仲卻不允許本國人生產綈織品，而是一律從魯、梁兩國進口。管仲召集這兩國的商人，對他們說：「你們爲我織綈十匹，我給你們三百斤銅，如果織了百匹，我就給三千斤銅。這樣一來，你們兩國即使不向人民徵收賦稅，財用也足夠了。」魯、梁兩國果然中計，在政府的鼓動下，民衆紛紛從事綈的紡織，農事因此荒廢。一年多下來，

---

① 《管子·幼官》：「市賦百取二，關賦百取一。……修道路，偕度量，一稱數。」

糧價暴漲。到了這時，管仲下令關閉與魯、梁的通商關口，不再進口一匹綈布。兩國經濟頓時崩潰，難民紛紛湧入齊國，管仲順勢讓他們去開拓齊國的很多荒地，反而促進了農業生產。魯、梁從此一蹶不振，魯國的國君不得不親自到齊國去納幣修好。

管仲還曾用同樣的手段制服過莒國和萊國。這是中國古代史上罕見的商戰案例，管仲無疑是利用了國際貿易中的供求關係，其手段之高妙和狠辣，迄今仍讓人嘆服。

中國古代版的「凱恩斯」

中國歷代首相級官僚，商人出身者非常罕見，僅先秦管仲、元朝阿合馬、鎮海和桑哥、民國宋子文和孔祥熙諸位。

管仲很長壽，活到80多歲，他早時潦倒，盛年治齊，四十載而成霸業。在西元前7世紀，地球上絕大多數的地區仍處於荒蠻時代，中國卻能誕生這樣的經濟大師，實在算是一個奇蹟。他重視制度建設，思想務實，以發展經濟為治理主軸，所涉及的許多經濟命題，如產業政策、財政、稅收、價格、消費、國際貿易等，幾乎涵蓋了所有的治國範疇，這位沒有上過一堂經濟學課程、屢次創業失敗的商人無疑是一位無師自通的經濟天才。細數其經濟政策便可以發現，他其實是一位尊重市場規律的國家干預主義者，在這一點上，我們不妨視其為中國古代版的「凱恩斯」。

管仲治齊有三條重要的歷史經驗：其一，通過價格、財政、稅收整體配套改革，第一次形成了系統性的國民經濟治理體系；其

二，他所提出的鹽鐵專營政策，作為國家干預經濟的經典模式，影響力持續至今；其三，管仲治理下所形成的齊國經濟制度，是中國古典市場經濟體制的雛形。

而管仲的思想在後世被刻意淹沒，則是由於兩大原因。

第一，齊國一世而衰，以商治國的思想徹底破產。

齊國坐擁最強國力，卻採取了不擴軍和不兼併的「和平稱霸」戰略，管仲那些維持國際秩序的行動，並沒有起太大的作用。就在齊桓公晚期，中原的晉國和南面的楚國紛紛併吞小國，疆域不斷擴大，它們的軍事冒險無疑得到了更大的好處。西元前645年，管仲去世，兩年後，齊桓公死於宮廷政變，齊國迅速讓出了霸主權柄。自此以降，相繼稱霸的諸侯均以開疆拓土而威懾天下，「尊王攘夷」異化成了「挾天子以令諸侯」，管仲之道被暴力取代。

第二，管仲思想與儒家格格不入。

儒家以「賤商」著稱，在他們看來，管仲從出身背景到行事作風、施政綱要，都是毛病多多。在《論語·憲問》中，子貢就認定「管仲算不上是一個仁者」。[①] 他的諸多經濟政策，無論是刺激商貿、鼓勵消費還是「以商止戰」，在儒家看來，統統都是異端邪說，鹽鐵專營政策也遭到儒家的抵制，在後面的章節中我們將看

---

① 《論語·憲問》：「子貢曰：『管仲非仁者與？桓公殺公子糾，不能死，又相之。』子曰：『管仲相桓公，霸諸侯，一匡天下，民到於今受其賜。微管仲，吾其被髮左衽矣！』」

到，西漢的武帝改革及宋代的王安石變法中，大儒董仲舒、司馬光都是專營政策的最大反對者。儒家在經濟治理上只有「三斧頭」：一是「以農爲本」，二是「輕徭薄賦」，三是「克己仁義」。遺憾的是，這三條在管仲那裏都找不到。

在這個意義上，管仲是一個被意識形態「謀殺」的改革家。

商鞅變法：
命令型計畫經濟的鼻祖

第二講
商鞅變法：
命令型計畫經濟的鼻祖

　　春秋到孔子之後，重建統一的呼聲便越來越強，孟子渴望天下「定於一」，荀子期盼「法後王而一制度」，連最消極的莊子也抱怨「天下大亂，賢聖不明，道德不一」。在此共識之下，各國變法均以強國兼併爲目標，其中最成功者，便是秦國的商鞅變法。

　　如果說，管仲變法是重商主義的試驗，那麼，三百年後的商鞅變法，則是重農主義的典範。經歷這兩場變法之後，影響中國千年歷史的治國模式便基本定型。與自信、圓滑的管仲相比，冷酷而堅定的商鞅是另一種類型的天才，他們如同左右兩極，處於歷代經濟變革的兩端，後世變革，無非如鐘擺一般在兩者之間搖盪，竟從來沒有逃出他們設定的邏輯。在兩千多年的國史上，商鞅是命令型計畫經濟的鼻祖，其後，王安石和陳雲則分別是農耕時代和工業化時代的典範型執行者。

　　與變革之初的齊國一樣，秦國也是個偏遠的小國，它立國比齊國還晚，秦人始祖是一個遊牧及狩獵的民族，被中原諸國蔑稱爲「秦夷」。所不同的是，齊國在東面濱海的黃河下游，秦國在西北高地的黃河中上游，前者鹽鐵資源豐富，工商傳統悠久，後者地貧

民淳，幾乎沒有任何經濟優勢可言。所以，它們的改革，一個是「藍色」的、開放的，一個是「黑色」的、封閉的。

秦國開始變法時，主政的秦孝公年方二十二歲，操盤的商鞅剛剛三十歲，正是百無禁忌的年齡，所以，他們的強國之術非常強悍和血腥，第一要義是打仗，這是檢驗變法成功與否的唯一標準。

戰爭是讓國家強大和穩定的最好辦法，它既是起點，也是終點，並且循環往復、不應該停止。商鞅說：「國家貧窮就要去打仗，可以把不好的東西輸送到敵人那裏，沒有像文士、商人那樣的國害，國家一定會強大。國家富足而不發動戰爭，就會懶惰懈怠，出現儒生、商人那樣的國害，一定會羸弱下去。」[①] 總之，窮了要打，富了更要打，是爲「霸道」。

這場變法歷時二十三年，分三個階段，分別是「農耕」、「軍戰」和「中央集權」，層層遞進，體系嚴密，其最終的結果是把秦國變成了一個紀律嚴明、高效好鬥的戰爭機器。

以農立國：第一個在土地改革中嘗到甜頭

商鞅變法的第一階段花了三年時間，把秦國改造成了一個百分百的農業國。

[①] 《商君書‧靳令》：「國貧而務戰，毒生於敵，無六蝨，必強。國富而不戰，偷生於內，有六蝨，必弱。」

商鞅頒佈的第一條變革法令叫《墾令》，其主題只有一個：把全國人民都變成農民。商鞅認為，治國之要就是讓民眾「歸心於農」，大家都去耕地了，民風就樸實而純正，國力就可強大，他把所有不願意從事農業的人統統歸類為「惡農、慢惰、倍欲之民」。在《墾令》中，有二十種具體的辦法鼓勵及資助農耕。

在農業政策上，對後世影響最大的是以「廢井田，開阡陌」為主題的土地改革。

井田制是一種土地國有制度，自商時就有文字記載，西周盛行。後世史家對之解釋不一，按《孟子‧滕文公上》中的記載，國家以九百畝為一個計算單位，把土地分隔成方塊，形狀像「井」字，周邊為私田，中間為公田，各家分得百畝私田，同養公田。耕作之時，先要把公田的農活幹完，才能各治私事。由此，春播秋割，守望相助。這一制度頗類似原始人民公社制。

到戰國中期，隨著人口的增加，井田制度已經敗壞，公地私有化成普遍事實。當時的知識界對此分歧很大，道家、儒家都視之為「禮崩樂壞」的根源，強調要恢復井田制。商鞅則反其道而行之，宣佈廢除井田制，允許民眾開荒耕作、買賣土地，這自然大大激發了民眾的生產積極性，使變法的「農本思想」更加得以光大。顯然，在先秦時期，糧食是最為重要的戰略物資，商鞅的一切變法都以此為根本，這可以說是典型的「唯生產力論」。①

---

① 《漢書‧食貨志》：「秦用商鞅之法，改帝王之制，除井田，民得買賣。」

　　「廢井田，開阡陌」是中國土地史上的重大變革。從此以後，土地私有化成爲中國歷史上最主要的土地所有制度。各朝代也有各種形式的公有土地，但數量上都遠不及私有土地。

　　在古今中外的所有變法或革命中，土地從來都是政治力量與人民進行交換的最重要的籌碼。就近世而言，列寧發動蘇維埃革命的承諾是「和平、麵包、土地」，孫中山推翻帝制的經濟承諾是「平均地權」，毛澤東上井岡山宣傳「打土豪，分田地」，即便是最近的改革開放，也是以「包產到戶」政策率先穩定了農民。商鞅是第一個在土地改革上嘗到了甜頭的政治家。

　　要讓國民都去種地，就必須堵住其他的出路。商鞅說：「無裕利則商怯，商怯則欲農。」如果工商業沒有過高的利潤，那麼從商的人就沒有什麼興趣了，而如果不去經商，那就只有去務農了。在歷代治國者中，商鞅也許是最仇視商人及商業流通的一位，他視之爲「國害」，並推出了眾多限制商業的法令，其中不乏極端之舉。下面試列舉四條。

　　其一，控制糧食買賣和礦山國有化。在商鞅看來，只要不允許糧食交易，商就無從得利，家家必須去種地，由此，糧食產量必然提高，而國家則控制了最大宗商品的定價權和交易權。他把「山澤之利」全部收歸國家，這既可以增加國庫收入，又阻擋了一條非農的發財之道。按他的說法，把礦山收歸國有了，那些不願耕作、懶惰刁鑽、追求暴利的民眾就丟掉了飯碗，不得不重新回到田裏去種地。①

---

　　① 《商君書·墾令》：「使商無得糴，農無得糶。……壹山澤，則惡農、慢惰、倍欲之民無所於食。無所於食則必農。」

　　其二，對工商業堅持重稅政策。中國歷代思想家，無論哪一學派，一般都主張輕稅，唯有商鞅獨樹一幟。他認為，只有「重關市之賦」——加重商品的流通稅，才能讓商人產生「疑惰之心」。秦國的租稅有多重，迄今已無完整記載，不過商鞅曾提出，大幅提高酒肉的價格，按原價徵課十倍的捐稅，[①]由此類推，工商稅率之高可以想見。

　　其三，推行戶籍登記，限制人口流動。商業之繁榮，關鍵在於流通，商鞅深諳其中奧秘，所以，他針對性地推出了幾條極其嚴苛的法令。他下令在全國進行戶籍登記，命令百姓不得擅自遷居，這是中國戶口登記制度的開端；此外，他還推出法令禁止私人經營旅館，其目的是嚴格限制人口的流動。現代社會講人有「四大自由」，其中之一便是遷徙的自由，然而，中國人的這個權利從商鞅變法開始就受到了限制。

　　其四，取締貨幣，實行以物易物。商鞅對貨幣抱持敵視的態度——這是古今中外所有計畫經濟主張者的「傳統」。他對貨幣和糧食有一種很奇特的看法，在他看來，這兩者是互相排斥的，「貨幣活躍了，糧食就萎縮了；糧食豐裕了，貨幣就沒有用了」——「金生而粟死，粟生而金死」。在他變法的二十餘年中，秦國一直是以物易物，直到他死後三年，秦國才開始鑄幣，由此可見，秦國的商業流通在各國之中是非常落後的。

---

　　① 《商君書・墾令》：「貴酒肉之價，重其租，令十倍其樸。」

從商品經濟的角度來講，商鞅所推行的這一整套經濟變革，與三百多年前的管仲相比，無疑是大大的倒退。但是，這些政策卻能在很短的時間裏聚集國力，讓國民經濟充滿紀律性，並因專制而產生高效率。《史記》記載：「卒用鞅法，百姓苦之，居三年，百姓便之。」也就是，變法實施之後，民怨沸騰，三年之後，居然大見成效。說到底，這就是專制的力量。

軍爵制度：打造出世界上第一個平民社會

許多偉大的獨裁者都是理想主義者和愛國主義者，他們有堅定的治國理念，並深信可以造福於他的人民，爲了達到目的，他們不惜犧牲或傷害親人，甚至他們自己。在技術上，他們往往以人民的名義行事，通過裹挾基層民眾的方式，對地方政府和既有財富集團進行攻擊，以達到利益重構和集權的終極目的。商鞅變法清晰地呈現出了這樣的特徵。

在花了三年時間把秦國變成一個大農場之後，商鞅推行了著名的軍爵制度。

自夏商周以降，中國進入封建制時期，各諸侯分封天下，爵位世襲，形成了一個貴族世代統治的體制。進入春秋末期，平民階層已隱然崛起，幾乎成爲一個開放、自由的社會。史載的諸多名將、儒士均爲貧寒之士。當代史學家許倬雲曾對春秋時期的名士進行過統計，在初期，非貴族出身的寒微之士占總人數的百分之二十，而到末期已占到百分之四十四，如蘇秦、張儀等人都是「窮巷掘門、

桑戶卷樞之士」。到了戰國，這一趨勢更加明顯。比商鞅早二十年左右，吳起在楚國進行改革，就提出「使封君之子孫三世而收爵祿」，王室子孫的爵祿繼承只能延續三代，然後就要把封地收歸國有，重新分配。吳起因此遭到貴族的嫉恨，終被射殺。二十年後，商鞅再提此議，並且做得更爲徹底。

軍爵制度的具體政策有兩條：第一，「宗室非有軍功論，不得爲屬籍」，收回貴族所有的爵秩，取消特權，重新分配，只有在戰場上立下功勞，才能夠重配爵秩，列籍貴族；第二，「有軍功者，各以率受上爵」，只要有軍功，無論貧賤都可以獲得貴族的爵秩。商鞅設計了二十個等級的爵位，都以殺敵多少來封賜。

這一軍爵制度可謂開天闢地，它徹底抹殺了貴族與賤民的界限，人人可以通過戰爭獲取功名富貴。在秦國，國民只應從事兩種職業，一是農民，一是軍人，前者「富國」，後者「強兵」，而國家的獎懲便緊緊圍繞著種糧之多少和殺敵之多少。這是一種極端務實的、反智的、唯「生產力至上」的功利主義。在商鞅看來，人人種地，則糧多，糧多則生育多，生育多則兵多，兵多則可打仗而得到更多的土地和人口，這些人口去種更多的糧食、生育更多的人口，繼續去打更多的仗，如此循環往復，就可實現統一天下的「國家目標」。凡是與這一國策衝突的、相違背的，都是必須禁止的，甚至不能「以功抵過」。①

①《商君書‧賞刑》：「有功於前，有敗於後，不爲損刑。有善於前，有過於後，不爲虧法。」

　　在世界各文明古國中，中國是最早打破貴族制度的國家，這其中，商鞅的作用可謂最大。以國史論之，軍爵制度打開讓孔武之人進入統治階層的通道，到了隋唐時期，政府又發明出科舉制度，為底層的知識份子打通了另外一個通道。由此，「王侯將相寧有種乎」，軍爵制（武士）與科舉制（文士）相互勾連，構成了延續千年的平民社會的穩定性。這兩個制度的形成，再加上政權對商業的道德蔑視及制度打壓，最終構築了中華文明的重要特質。

郡縣制度：地方行政制度的政治雛形

　　恐怖專制的力量是強大的。變法啟動到第十個年頭，秦國出現了「道不拾遺，山無盜賊」、民眾「勇於公戰，怯於私鬥」的局面，舉國上下蔓延著極端功利主義的進取氛圍，每個人其實都成了國家的工具。全國民眾個個都是農民，人人皆為戰士，上陣奮勇殺敵，得勝封爵賞田。國家通過戰爭獲得土地和人口，將那裏的人民也都改造成秦民，繼續種地、殺敵，以獲得更多的土地和人口。這是效率極高、效益驚人的正循環。夏商周以來，從來沒有出現過這樣的國家模式，秦因此被列國驚呼為「虎狼之國」。

　　在將全國的戰爭機制都發動起來之後，商鞅開始實施第三輪變法，目的是要全面加強中央集權，其重要政策，就是統一度量衡和實行郡縣制度。

　　當時各國割據，從衡器到貨幣都極其混亂，即便在一國之內，也是標準不一。齊國稱霸時，管仲就多次會盟諸侯，統一各國稅率

和稱重尺度。商鞅當然不與諸國商量，他直接規定之。他提出「平
斗桶、權衡、丈尺」。斗桶指計算容積的衡器，權衡指計算重量的
衡器，丈尺指計算長度的衡器。也就是說，他統一了全國的容積、
重量、長度的度量標準。

而確立並推廣郡縣制度的影響尤爲深遠。

西周建立之時，分封諸侯，一共有上千個國家，幾乎一個城池
爲一國。春秋初期，諸侯兼併劇烈，剩下160多國，到了戰國年代，
天下滔滔，只餘十多個國家。國君出於統治及征戰的需要，紛紛加
強中央集權，兼併進來的土地不再分封出去，而是建立新的地方治
理制度。春秋後期，縣制開始推行，縣令爲一縣之長，由國君直接
任免，他們不再是世襲貴族，而是一批沒有血緣關係的職業官僚。

商鞅完善並推廣了郡縣制的地方管理體系。他把小鄉、邑合聚
爲縣，設立縣令、縣丞、縣尉等職務，組成縣署，後來每征伐下一
塊土地，就增設一縣。與分封制最大的不同是，郡守和縣令都由君
王直接任免，不得世襲，各地方長官於每年秋冬向朝廷申報一年的
治狀，朝廷據此對其進行考核，獎功罰過。

郡縣制成爲秦國的治國基礎。這一制度完全有別於之前的封建
制，有效地加強了中央集權，是中國官僚制度的根本。明末清初的
思想家王夫之在《讀通鑑論》中就說：「郡縣之制，垂二千年而弗
能改矣。合古今上下皆安之，勢之所趨，豈非理而能然哉？」當代
史學家唐德剛從國家管理模式角度分析認爲，中國三千年可分爲部
落制、封建制和郡縣制三個階段，商鞅之後，幾無大變。甚至，一

直到今天，中國的省市縣治理模式仍然沒有跳出其藩籬。①

在推行變法22年後，西元前338年，秦孝公駕崩，商鞅隨後被秦惠公處以車裂的極刑，並誅滅全家。司馬遷說「惠王車裂之，而秦人不憐」，可是又承認「後世遵其法」。秦惠公車裂了商鞅並滅其全家，但並沒有株連到其他大臣，商鞅制定的主要法規被全數繼承下來。有人算了一下，從商鞅變法開始到秦始皇完成統一大業，前後凡141年，秦人共發動戰爭108次，天下果然是打出來的。

強國邏輯：中央集權制度的奠基之人

商鞅的強國之術堪稱中國歷史，乃至世界史上最殘酷、最嚴厲的一種，是一次激進的國家主義試驗。如果我們將商鞅變法的種種政策放到中央集權四大基本制度的建設框架中進行一番審視，便可以更清楚地看到它的歷史性意義。

郡縣制度日後成為中央與地方進行權力分配的基本制度，這是中央集權制國家得以運行的基礎性政治制度。

軍爵制度讓有野心的孔武之人有機會進入到統治階層內部，部分地完成了精英控制模式。

在全民思想的控制模式上，商鞅採用的是「不許思想」的愚民

---

① 唐德剛：《中國郡縣起源考——兼論封建社會之蛻變》，《晚清七十年》，遠流出版社1998年版，第113—133頁。

政策，他將文人、商人、有技藝的人統統視爲「國害」。有一次，他在渭河邊論法，一口氣就殺了七百餘人，導致「渭水盡赤，號哭之聲動於天地」。他不喜歡反對他的人，甚至也討厭讚美他的人，在當初的朝堂大辯論中，他就說，「拘禮之人，不足與言事，制法之人，不足與論變」，也就是不允許爭論，不允許辯駁。司馬遷還記載了這樣一件事情：變法過半，一些先前反對的人跑到商鞅跟前讚美變法，商鞅說，這些都是「亂化之民」，於是把他們全部流放到偏僻的邊城，從此，再也沒有人敢於議論國事了。一百多年後，秦始皇「焚書坑儒」其實正是這一治理模式的合理體現。

在經濟模式上，商鞅試驗的是「命令型的計畫經濟」，即國家控制幾乎所有的重要生產資料，排斥或部分地禁止商品貿易，壓制或消滅自由的商人階層，從而使國民經濟完全地服務於國家的目標。

商鞅變法中所推行的眾多制度，如郡縣制、軍爵制、「農戰立國」戰略，乃至土地改革、統一度量衡和戶籍制等，都不是由商鞅發明的，不過卻光大於他，並進行了系統性的、長期而有效的試驗，在這個意義上，商鞅算得上是中國式中央集權制度的奠基之人。漢娜·阿倫特在《極權主義的起源》中總結了極權主義的三個特徵，即「組織上國際化、意識形態全面化、政治抱負全球化」[1]，商鞅治理秦國正是一次古典的極權主義運動。

---

[1] 漢娜·阿倫特：《極權主義的起源》，林驤華譯，生活·讀書·新知三聯書店2008年版，第389頁。

　　在商鞅的經濟思想中，「強國」與「富民」似乎是對立的。他極端地認爲，人民不但不應該有思考的能力，而且絕對不能夠富足。

　　自古以來，如何解決分配問題，緩和貧富對立，是歷代思想家和經濟學家所共同關注的「第一命題」，早在《晏子春秋‧內篇》中就出現了「權有無，均貧富」的觀點。諸子百家對此各有分析。

　　儒家的孔子提出「不患寡而患不均，不患貧而患不安」，他認爲最好的狀態是「均無貧」，類似於福利社會。他還主張「藏富於民」，認爲「百姓足，君孰與不足；百姓不足，君孰與足」①。但對於如何實現這些理想，他沒有具體的辦法。道家的老子也主張均貧富，其實現方式是「損有餘而補不足」。

　　與儒家、道家不同，墨子則承認富貴貧賤的適當差別的存在，唯要求可以相互轉化，其轉化方式取決於一個人賢德與否，他不同意儒家「藏富於民」的觀點，主張應該先讓國家富起來，所謂「官府實而財不散」。②

　　上述幾位思想家對貧富問題的分析比較抽象，那些真正掌握國綱的人則提出了具體的辦法，比如，管仲主張以價格政策爲工具來縮小貧富差距，而商鞅則走到了「強國貧民」的極端。

　　商鞅也反對貧富懸殊，認爲「治國之舉，貴令貧者富，富者貧」，不過在他看來，理想的狀態是讓人民始終處在同樣的貧窮線

----

① 語出《論語‧顏淵》。
② 語出《墨子‧尚賢中》。

上，最好是家裏沒有一點多餘的糧食——「家不積粟」，以保持饑餓進取的精神面貌。強兵就必須使民弱、民怯和民愚，這樣的人民通過重刑或重賞即可變成為勇敢而兇猛的戰士。而一旦社會出現貧富差距變大的情況，就應該動用國家機器，用行政剝奪的方式來實現均衡，這就是所謂的「貧者益之以刑，則富；富者損之以賞，則貧」。很顯然，商鞅把人民的貧困與無知看成是國家兵源充足和社會穩定的必要條件，這當然就是「反智」和「愚民」了。

商鞅的這種極端主義思想，在後世已成絕響，然而卻並非沒有效尤者——他們儘管再不敢像商鞅這樣說得直白、幹得決絕，但有兩個理念從來不曾放棄：第一，不能讓民眾太富足、太有思想的潛意識卻一直留存了下來，最終變成了一種系統化的愚民政策；第二，絕大多數的治國者把國家強大遠遠放在民眾富足之前，強調「國強民安」，而不是「國強民富」，所謂「安」者，年份好的時候，有口飯吃，饑荒到來的時候，不餓死，這已是最大的善政。

毛澤東：「百代都行秦政法」

戰國時期「百家爭鳴」，對後世影響最大的兩個學術流派，一是儒家，一是法家。

被儒家尊為「亞聖」的孟子，與商鞅是同時代人。當商鞅在秦國大行變法之時，孟子正在東方各國遊說，而商鞅被處死後，孟子還在齊國和梁國之間奔波，他很可能耳聞了商鞅的整個變法過程。比較兩人的治國及經濟思想，可以看到截然的差異。

在《孟子·梁惠王》中，齊宣王向孟子求教「王政之道」，孟子給出的答案是「耕者九一，仕者世祿」，也就是說，他堅持恢復井田制，並擁護貴族世襲體制。孟子特別嚮往那種各守其職、疾病相扶的公社生活。在另外一次與滕文公的交談中，他還特別設計了一套混合的土地制度：給每農戶五畝宅、百畝田，使民「仰足以事父母，俯足以畜妻子，樂歲終身飽」。稅賦政策上，孟子提倡實施富民政策和減輕賦稅，「易其田疇，薄其稅斂，民可使富也」。他的「薄稅斂」包括：商舍不徵稅，也不徵貨物稅、房地稅和無職業者的人頭稅，只徵單一的、九分抽一的農業稅。很顯然，商鞅的「廢井田，開阡陌」以及廢除世襲、實施軍爵的政策與孟子的主張背道而馳。

孟子常年在東方各國遊走，那裏的政治文明呈現百花齊放的自由化狀態，與西北的鐵血秦國形成鮮明的對比。相對於商鞅的嚴苛管制和強調中央集權，孟子則強調仁義治國，「國君好仁，天下無敵焉」。他更提出民眾比國君更為重要的民本思想，「民為貴，社稷次之，君為輕」。這些在商鞅聽來，肯定是可笑的無稽之談、禍國妖言。

商鞅與孟子的思想迥異，是思想史上一個特別值得研究的景象，這兩人對歷史的實際影響也耐人尋味。

孟子終其一生，鬱鬱不得志，對時局衍變幾無作用，但是他所主張的儒家道統在西漢之後被尊為國家學說。

相對比，商鞅在後世的名聲卻非常之差，可以用「狼藉」來形容。在很長的時期裏，知識階層以談論商鞅為恥，連說到他的名字

都會「口臭三日」。秦朝滅亡後，世人對之多有反思，其中最出名的是賈誼的《過秦論》，他將秦亡的原因歸結於「仁義不施而攻守之勢異也」。宋代王安石推行變法，反對派、當世文豪蘇軾上書宋神宗，以商鞅爲前車之鑒，認爲「惟商鞅變法不顧人言，驟至富強，亦以召怨天下，雖得天下，旋踵滅亡」。這都是典型的儒家視角。

　　然而，商鞅卻又如同一個神秘的「黑色幽靈」，飄蕩在每一個廟堂之上和治國者的心裏。他的施政手段雖然暴烈，但眞正達到了強盛國家和統一天下的目標，被證明是有效果的和成功的。蘇軾在批評商鞅的同時也不得不承認一個事實：「自漢以來，學者恥言商鞅、桑弘羊，而世主獨甘心焉，皆陽諱其名而陰用其實。」客觀地說，商鞅徹底改變了戰國乃至後來中國的政治和經濟生態，甚至，以兩千年的歷史跨度而論，他的基本治國理念頑強地延續了下來，核心理念被眾多獨裁者所沿襲。在中國的統治術裏，貌似水火不容的儒家、法家其實誰也沒有淘汰誰，在很多朝代，實際上呈現出「半法半儒」、「儒表法裏」的景象。美國學者約瑟夫·列文森在《儒教中國及其現代命運》一書中便論證道，中國的皇朝體制有著一個「自相矛盾」的運行規律：儒教君主制的基礎恰恰是反儒教的法家原則。[①] 余英時在《反智論與中國政治傳統》一文中也論證

---

　　① 約瑟夫·列文森：《儒教中國及其現代命運》，鄭大華、任菁譯，中國社會科學出版社2000年版，第167頁。

道，儒家到西漢董仲舒時已出現「法家化的傾向」，此後「它幾乎貫穿了全部中國政治史」。[①]法家的「不允許思想」與儒家的「只能有一種思想」，本質上都是要「統一思想」。

商鞅學說從陰暗之處重新回到明亮的主流舞臺，是在19世紀中葉的鴉片戰爭之後。

其時，中華帝國遭遇前所未有的外辱，強國禦敵成爲了時代的唯一主題，儒家的抱殘守缺以及懷柔學說不再適用，因此年輕人喊出「打倒孔家店」的決絕口號，而商鞅的強國之道煥發出讓人難以抵抗的魅力，於是，舉國爭說法家，國家干預主義成爲意識形態的主流，如梁啓超所言及的，圖國家生存發展爲第一要務，圖人民個人的幸福則次之。倘若個人的幸福與國家的生存發達不相容，則毋寧犧牲個人以裨益國家。其時的大政治家及知識份子，無論改良派或革命者，從孫中山、陳獨秀到康梁、胡適，無不推崇國家主義和計畫經濟。[②]

在所有政治人物中，對商鞅最爲尊崇的正是毛澤東。早在1912年，就讀於湖南省立一中的19歲少年毛澤東寫作《商鞅徙木立信論》一文，這是他留存至今的最早文稿，在這篇500餘字的作文中，毛澤東寫道：「商鞅之法良法也。今試一披吾國四千餘年之記

[①] 余英時：《文史傳統與文化重建》，生活·讀書·新知三聯書店2004年版，第187頁。

[②] 在民國學者中，胡適是自由知識份子的代表，據余英時的考據，胡適從1926年到1941年，一直對蘇聯和社會主義抱著比較肯定的態度。參見余英時：《重尋胡適歷程》，廣西師範大學出版社2004年版，第238頁。

載，而求其利國福民偉大之政治家，商鞅不首屈一指乎？」他的國文教員柳潛讀後讚其「才氣過人，前途不可限量」。及至晚年，沉迷於「將革命進行到底」的毛澤東對儒學嗤之以鼻，而獨尊法家，他最欣賞的兩位政治改革家，便是商鞅和王安石。1973年8月，毛澤東創作《七律‧讀〈封建論〉呈郭老》一詩，將孔孟儒學貶爲「秕糠」並公開替秦始皇「焚書坑儒」翻案，全詩曰：「勸君少罵秦始皇，焚坑事業要商量；祖龍魂死秦猶在，孔學名高實秕糠；百代都行秦政法，十批不是好文章；熟讀唐人封建論，莫從子厚返文王。」①

「百代都行秦政法」，實際上是毛澤東對兩千多年前的商鞅前輩的一次遙遠的致敬。

---

① 《建國以來毛澤東文稿》第13冊，中央文獻出版社1998年版，第361頁。

漢武帝變法：
頂層設計的集大成者

第三講
漢武帝變法：
頂層設計的集大成者

你若問：歷代經濟變革，其基本的衍變邏輯是什麼？

我可以提供一副六字對聯加以說明：上聯——「發展是硬道理」；下聯——「穩定壓倒一切」。這兩句名言都出自20世紀末的大改革家鄧小平之口。一言以蔽之，就是發展與穩定的辯證史。

歷史從未走出這副對聯。發展經濟必須放活民間，實現繁榮，而繁榮日久，地方勢力就會坐大，商人就會驕縱，中央權威就受到挑戰。此時，便需要進行集權式的變革，加強中央權威和控制力，可是如此勢必削減地方，侵蝕民間，造成生產力的下降，最終仍然會導致政權新一輪的不穩定。至此執政者面臨考驗：是任由矛盾激化，還是再度放權讓利，促使經濟復甦？

若要找出一個可供印證的歷史標本，從漢初的「文景之治」到漢武帝變法，最為合適。

「文景之治」的成就與後果

漢文帝、漢景帝執政前後七十年，這是大一統中央集權建成後

的第一個經濟大繁榮時期，史稱「文景之治」。這場繁榮的出現，是放權讓利式改革的結果。

之所以放權讓利，並非統治者慈悲大發，而確實是無權可用，無利可圖。

漢帝國初建時，天下已紛亂數百年，滿目瘡痍，國力極度羸弱，開國皇帝劉邦要出巡，居然配不齊六匹膚色一樣的駿馬，一些列卿大夫和諸侯，窮窘得只好以牛車代步。於是，「放水養魚」勢在必行，司馬遷在《史記·貨殖列傳》中有一段很重要的記錄：「漢興，海內爲一，開關梁，弛山澤之禁，是以富商大賈周流天下，交易之物莫不通，得其所欲。」也就是說，政府改變了自商鞅以來的全面管制政策。「開關梁」——放關津，「弛山澤之禁」——放鬆對山林礦藏資源的專營，這是兩個非常重要的政策變動，前者減少了地區之間的物流成本，漢朝從此沒有再設關徵稅，統一市場的優勢得以展現，後者則把利益最大的資源性產業向民間開放。這兩大政策的推出，直接導致物流交易的活躍和工商業的繁榮。李劍農在《先秦兩漢經濟史稿》中指出：「漢初實爲中國商人第一次獲得自由發展之安定時期也。」[1]

在放活工商的同時，朝廷對農業則採取了「輕徭薄賦」、「與民休息」的政策。文帝前後兩次「除田租稅之半」，租率最終減爲三十稅一，一度甚至還全免田租，長達十二年之久，這是中國歷史

---

[1] 李劍農：《先秦兩漢經濟史稿》，讀書·生活·新知三聯書店1957年版，第199頁。

上僅有的一次。① 同時，對周邊敵對國家也不輕易出兵，儘量「委曲求全」，通過和親維持和平，以免耗損國力。

這樣的寬鬆政策——可以說是「休養生息」，也可以說是「放任自流」——實行了七十年。《史記‧平准書》中記載，漢興七十年間，民間和國庫日漸肥腴，國家儲備的錢財以億計，用以串錢的繩子都朽掉了，中央糧倉裏的糧食多得更是陳穀疊陳穀，以至「腐敗不可食」。②

文帝、景帝俱崇尚道家，其政策的核心便也是無爲而治。七十年的經濟大發展使得四大利益集團的格局出現了極其劇烈的變化。

第一，自由商人集團崛起，成為一股強大的勢力，控制了國民經濟的命脈性產業。司馬遷在《史記‧貨殖列傳》中列舉了西漢初期的二十一位富豪——他稱之爲「賢人所以富者」，其中，單獨列出、比較詳細地記載其事蹟的有八位，前四個都是冶鐵業者，其餘則分別從事流通業、糧食業、種殖業和金融業。在國史上，支柱性產業被民間完全控制，僅漢初和民國初年兩個時期。這些商人成爲「豪強大家」，《史記‧平准書》中有富商大賈橫行天下、各地諸侯「低首仰給」的記載。司馬遷還給這些商人起了一個稱號：「素

---

① 在春秋戰國時期，徵收百分之十的田租被認爲是「德政」的標誌，孟子就曾說：「什一而稅，王者之政。」
② 《史記‧平准書》：「民則人給家足，都鄙廩庾皆滿，而府庫餘貨財。京師之錢累巨萬，貫朽而不可校。太倉之粟陳陳相因，充溢露積於外，至腐敗不可食。」

封」——「當今那些沒有官爵和封邑之地的人，卻可以在享樂上與權貴相比，這就是素封。」①

　　第二，地方諸侯勢力龐大，中央集權出現旁落的跡象。劉邦興漢之後，實行的是分封制，眾多同姓和功臣裂地建國。當放任自流的經濟政策推出之後，地方諸侯利用各自的資源優勢，迅速形成了強大的勢力。其中氣焰最盛者就是吳王劉濞，他擁有龐大的鑄錢產業，而且吳地靠近東海，既有豐富的鐵礦，也是海鹽的盛產地，鹽、錢、鐵三業，讓劉濞富甲宇內，他結交各國，逐漸成為一股足以與中央分庭抗禮的地方權貴力量。

　　第三，權貴與商人結成交易同盟，並極大地敗壞吏治。《史記·貨殖列傳》中的刀閑、南陽孔氏等人「連車騎，交守相」，與地方諸侯互動頻繁。漢朝雖然有禁止官吏經商的法令，可是執行得並不嚴格，在許多史書中都有官員與商人勾結、牟取利益的記載。

　　因此，到了景帝後期，居於中央政府內的有識之士便提出「增強中央、削弱地方」的集權主張。其中，最著名的是賈誼和晁錯。賈誼在策論中擔憂貧富不均、土地兼併，因商婦的服飾居然比皇后還要華貴而憤憤不平，在《治安策》中，他提出「眾建諸侯而少其力」的方針，也就是「分而治之」，在原有的諸侯王的封地上分封更多的諸侯，從而分散、削弱他們的力量。在經濟方面，則重新

---

　　① 《史記·貨殖列傳》：「今有無秩祿之奉，爵邑之入，而樂與之比者，命曰『素封』。」

回到重農的道路上。與賈誼同歲、職位更高的御史大夫（副丞相）晁
錯尤爲激進，他上呈《削藩策》，主張削奪犯有過錯的諸侯王的支
郡，只保留一個郡的封地，其餘郡縣都收歸朝廷直轄。景帝採納晁
錯的獻策，先後削奪一些諸侯王的郡地，從而引發了由吳王劉濞發
動的「七國之亂」。

發生在「文景之治」末期的這場叛亂，最生動地表明，在大一
統的中央集權制度剛剛建立起來的初期，中央與地方的集權、分權
矛盾便難以均衡，甚至可以說是非此即彼，不可調和。從此，如何
均衡兩者，作出適當的制度安排，成了統治中國的首要課題，歷代
政權往往躑躅於此，興盛或衰落也由此而生。此景，兩千年以降未
曾稍改。

劉徹：大一統制度的集大成者

「七國之亂」平定後的第十三年，劉徹登基，是爲漢武帝。他
當政五十四年，一改前朝的休養生息政策，文治武功，一舉把帝國
拉回到高度專制集權的軌道之上，漢朝成爲當時世界上最強大的國
家。就四大基本制度的建設而言，試驗於商鞅，成形於嬴政，集大
成於劉徹。

在中央與地方的權力分配制度上，漢武帝頒佈《推恩令》，強行
要求諸侯分封諸子爲侯，使其封地不得不自我縮減，同時，朝廷向
各地委派主管行政和監察工作的刺史，由此空前加強了中央集權。

在全民思想的控制上，他接受大儒董仲舒的建議，提出「罷黜

百家，獨尊儒術」，讓儒學成為唯一的正統思想，延續了七百年的百花齊放的景象到此戛然而止。中央集權必「統一」國民思想，不過手段各有巧妙，史學家顧頡剛曾比較秦始皇與漢武帝的不同辦法：「秦始皇的統一思想是不要人民讀書，他的手段是刑罰的制裁；漢武帝的統一思想是要人民只讀一種書，他的手段是利祿的引誘。結果，始皇失敗了，武帝成功了。」[1]

在外交政策上，武帝一反之前的綏靖政策，派衛青和霍去病與匈奴常年作戰，奪回河套和河西走廊地區，大大擴張了版圖。在東北方，他派兵滅衛氏朝鮮(今朝鮮北部)，置樂浪等四郡，在南方，則使夜郎、南越政權歸附漢朝，漢帝國版圖至此基本成形。在大動兵戈的同時，他還大規模地興修水利和修築道路。

到執政第二十個年頭的時候，西元前121年，漢軍大敗匈奴主力，取得對匈奴戰爭的最大勝利，渾邪王率四萬之眾歸附大漢，舉國上下為之大振，劉徹的政治威望也達到了頂點。不過，在經濟上，中央財政卻出現了「用度不足」的危急情況。史載，漢武帝「外事四夷，內興功利，役費並興」，硬是把文景兩帝留下來的充沛國庫消耗一空，「兵連而不解，天下共其勞」，「費以億計，縣官大空」。

正是在這樣的背景下，漢武帝開始推出一系列強硬的國營化經濟政策，涉及產業、流通、金融、稅收等多個領域，是一次真正意

---

[1] 顧頡剛：《漢代學術史略》，東方出版社2005年版，第46頁。

義上的、具有頂層設計意味的整體配套體制改革，具體的操盤人為桑弘羊。

在解讀漢武帝的這場經濟改革之前，有三個前提是要預先觀察到的：第一，經濟改革開始之前，政治集權和思想統一已經全面完成；第二，以抵禦外族入侵為口號的討匈戰爭為集權改革創造了道義上的理由，對凝聚基層民心起了關鍵作用；第三，「文景之治」留下巨大的、可供攫取的民間財富。這三項是保證改革得以順利推進的客觀條件。也就是說，漢武帝掌握了改革的「時間窗口」。

產業改革：鑄錢、鹽鐵與釀酒

就產業改革而言，首要之舉，當然就是從利益最為豐厚的地方切割下去，於是，幾個與資源壟斷有關的製造業——鑄錢、煮鹽、冶鐵和釀酒相繼被國營化。

漢初近百年，民間擁有鑄造銅錢的權力，文景時最大的貨幣供應商是東部的吳王劉濞和西部的鄧通，有「吳幣、鄧錢布天下」之謂，兩人因此巨富。漢武帝從登基的第一年起，就開始了幣制改革，在執政期間先後改了六次，到西元前119年，他認為時機已經成熟，便頒佈「盜鑄金錢者死罪令」，從此杜絕了民間鑄錢的陳俗。西元前118年，漢武帝廢一切舊幣，改鑄五銖錢，這種小銅錢外圓內方，象徵著天地乾坤，在下面用篆字鑄出「五銖」二字，從而奠定了中國銅錢的孔方形式。五銖錢前後沿用了七百四十年，直

到唐代才被廢止，是中國歷史上鑄行數量最多、時間最長的銅幣。中國歷史上長期銅銀並用，一直到晚清時，用於支付賦稅或完成跨省的大規模交易的銀錠或銀元大多由私人供應，使用量最大、用於地方小額零售交易的銅錢則由政府鑄造。①

在鹽業專營上，漢武帝實行的是管仲當年用過的辦法：招募民眾煮鹽，而由官府專賣。民眾向官府申請註冊成鹽戶，煮鹽費用全部由鹽戶負擔，官府提供煮鹽的鐵鍋——「牢盆」，煮成之鹽完全由官府收購。全國鹽業管理機構達三十五處。鹽業專營對國家財政收入的貢獻是巨大的，據計算，當時每人每月平均食鹽在三升（古制）左右，以全國人口五千萬計，是一個龐大而穩定的需求市場，宋元之際的史學家胡三省在注《資治通鑒》時認為，武帝通過鹽業專營獲得的利益約占財政收入的一半。自此，朝廷又出現了「用饒足」的景象。②

鐵業則完全由官府徹底壟斷，按規定，凡產鐵的郡里均設置鐵官，即便是不產鐵的郡里也要在縣一級設置小鐵官，鐵的冶煉和鐵器的製作與銷售，一律由鐵官負責。全國鐵業管理機構計四十八處。這一法令頒佈後，民間不得再擅自冶鐵，更不得私自販賣，違令者，要在左腳戴上六斤重的鐵鎖，並沒收其器物。這一政策已有

---

① 林滿紅：《銀線：19世紀的世界與中國》，江蘇人民出版社2011年版，第2頁。
② 《資治通鑒》胡三省注：「鹽之為利厚矣……漢武之世，斡之以佐軍興……其利居天下稅入之半。」

別於管仲，政府不但壟斷了銷售和定價權，更直接進入了製造的環節。在國史上，從秦漢至明清，國家通過資源壟斷獲得專營收入的方式有很多種，大多採用的是資源牌照授權、控制銷售管道等政策，直接進入製造環節，實行「採產銷」全面管制的並不多，這是典型的一次，今日所謂的「中央企業」應脫胎於此。

另外一個被專營控制起來的產業是釀酒業。中國的釀酒業源遠流長，其利潤非常豐厚，《史記‧貨殖列傳》中記載，如果一年釀酒一千甕，其投資所得，相當於戰國「千乘之家」或漢代「千戶侯」的收入。[1] 西元前98年前後，政府實行酒專賣。其辦法與食鹽專賣類似，由官府供給私營釀酒作坊糧食、酒麴等原料，規定釀造品種和規格，生產出來後，由官府統一收購和銷售，就是所謂的「縣官自酤榷賣酒，小民不復得酤也」。據史家吳慧的計算，酒榷的專營收入非常高，每生產一千甕的酒，至少可得到二十五萬兩千錢的收益，通過統購統銷，又可再得百分之二十的贏利。[2] 從此以後，酒與鹽鐵並列稱為「三榷」，成為國家實行壟斷經營的主要產業，歷代衍續，從未中斷，而對煙草、茶葉的國營壟斷也成為專營事業的重要組成部分。

---

① 《史記‧貨殖列傳》：「通邑大都，酤一歲千釀……此亦比千乘之家，其大率也。」
② 吳慧：《桑弘羊研究》，齊魯書社1981年版，第262頁。

流通改革：均輸與平準

如果說產業改革尚有先例可循，那麼，武帝在流通領域展開的變革則完全是開天闢地的。其主要政策有二：一曰「均輸」，就是統購統銷；一曰「平準」，就是物價管制。

根據漢律，郡國都必須向朝廷貢納當地的土特產，在當時，這便是價值最高的交易物品。由於交通不便，這些貢品的運輸成本很高，而且採購、保存十分繁雜，甚至存在各地商賈乘機哄抬物價的情況。桑弘羊就提出了均輸的辦法，規定所有貢品均按照當地市價，由政府統一採購，然後由官辦的運輸機構運往其他不出產此類物品的地區高價出售。朝廷在大農丞之下設立均輸令，各地設均輸官，建立起一個由中央統一管理的國營商業網絡。

在大力推廣均輸法的同時，桑弘羊還配套採取了一項新的物價管理措施，是爲平準法。就是由國家來控制全國的物資和買賣，以平衡物價，它與均輸相輔相成，成爲中央政府控制市場、從流通領域獲取利益的重要工具。均輸與平準，一是管理零售市場，一是掌握批發環節，兩者互相配合，構成國營商業的統一體系，其功能等同於物資部和物價委員會，是一種非常典型的計畫經濟運作模式，1949年之後，陳雲等人在中國構築的國營流通模式與此非常類似。[①]

這一國營商業體系的建成，使得中央政府控制了全國重要物資

---

① 吳曉波：《跌盪一百年（下卷）》，中信出版社2009年版，第109—113頁。

的流通利益，其成效在很短的時間內就快速地呈現出來。史載，在一年時間裏，兩大中央糧庫——太倉和甘泉倉就裝滿了糧食，連邊疆的糧倉也有了餘糧，通過均輸所獲得的盈餘就有五百萬匹帛（帛在漢代可以當作貨幣流通）。[1] 連司馬遷也不得不給出了一個著名的評論，「民不益賦而天下用饒」——老百姓沒有多交稅，而財政則變得無比充沛。極具諷刺意味的是，政府收入的增加並非因生產效率的提高，而是既有的社會財富在政府與民間的重新分配。

稅收改革：告緡令與算緡令

如果說，鹽鐵專營和均輸、平準二法使得國家有力地控制了重要的產業經濟，那麼武帝推行的稅收改革則讓全國的中產階層全數破產了。

西元前119年，漢軍與匈奴主力再次決戰，與此同時，山東（太行山以東）發生重大水災，七十餘萬饑民無以爲生。在軍費大增和緊急救災的雙重壓力下，桑弘羊和張湯向武帝提議，向全國有產者徵收資產稅，是爲「算緡」。根據頒佈的「算緡令」，凡屬工商業主、高利貸者、囤積商等，不論有無「市籍」，都要據實向政府呈報自己的財產數字，規定凡二緡（一緡爲一千錢）抽取一算（兩百文），即一次性徵收百分之十的財產稅。而一般小手工業者，則每

---

[1] 《史記・平準書》：「一歲之中，太倉、甘泉倉滿。邊餘穀諸物均輸帛五百萬匹。」

四緡抽取一算。

「算緡令」頒佈後，有產者大多不願主動申報，出現了「富豪皆爭匿財」的景象。於是，武帝使出了最強硬的招數，兩年後頒佈「告緡令」，鼓勵舉報，有敢於告發的人，政府賞給他沒收財產的一半。

這個「告緡令」相當於發動了一場「挑動群眾告發群眾」的「人民內部鬥爭」，此令一出，中產以上的家庭幾乎都被舉報，社會秩序頓時大亂。朝廷內部對這一法令頗多非議，武帝不惜用殺戮的辦法來對付所有的反對者，時任長安行政長官(右內史)義縱不願嚴格執行「告緡令」，藉口舉報的人都是亂民，要加以搜捕，武帝大怒，將他處以死刑。時任大農令顏異也對這一政策持不同意見，最後以「腹誹」的罪名被處死。武帝委派張湯、楊可、杜式等酷吏嚴格落實「告緡令」。

這場舉報運動持續推行三年之後，「告緡遍天下」，中等以上的商賈之家，大多被告發抄產，政府沒收了難以數計的民間財產以及成千上萬的奴婢，連皇家園林上林苑裏也堆滿了沒收來的財物。

變法造就第一個「半億帝國」

漢武帝的整體配套改革，始於西元前121年，終於他去世前兩年的西元前87年，前後約三十四年。在國史上，他是第一個真正建立了完備的中央集權制度的大獨裁者。湯因比在《歷史研究》中寫道：「若是以業績的持久性為衡量標準，漢朝創立者算得上是所有

大一統國家締造者中最偉大的政治家。」① 湯因比所提及的「漢朝
創立者」爲劉邦，而事實上，眞正使中央集權制度得以持久延續的
無疑是劉徹。在全球範圍內，幾乎與劉徹同時的另外一個大帝，是
羅馬共和國的凱撒（前102一前44年）。這似乎又是一個巧合，就在
中國構築了中央集權體制的時候，羅馬也從共和政體向帝國政體轉
型，世界進入了「獨裁者時代」。

武帝執政時期，中國人口已經超過五千萬，這也是地球上的第
一個「半億帝國」，他的集權變法使得漢王朝成爲世界上最強大
的國家，「強漢」之謂由此而生。漢武帝通過持續、系統的政策試
驗，確立了中央集權制度下的經濟治理基本模型。從史書的記載可
見，無論是產業改革還是流通改革或稅收改革，其最終的結果都是
「國庫爲之一飽」，即其改革的目標和效果都是爲了增加中央政府
的財政收入。從時間的角度看，幾乎所有的經濟集權政策都推出於
漢帝國與匈奴的長期戰爭進入相持階段的關鍵時刻。這些增收實施
爲漢匈戰爭的最終勝利以及其後對朝鮮、南粵等地區的征服提供了
強大的經濟保障。

國家控制經濟命脈之後，地方諸侯被剝奪了最重要的收入來
源，與中央對抗的力量自然銳減，在經濟上大大地保障了中央集權
的重新形成。

---

① 阿諾德·湯因比：《歷史研究（下卷）》，郭小凌、王皖強等譯，上海人民出版社
2010年版，第621頁。

在這次改革中，通過國營企業體制「集中力量辦大事」的特徵也已然呈現。

以鹽鐵為例，在政府投資的驅動下，漢代鹽鐵產業的生產規模和技術水準都得到了空前的提升。據當代史家陳直等人的研究，漢初從事冶鐵業的人員起碼在五萬人以上，每處鐵官則平均多達一千人，在官營之前，國內最大的私營鐵器商的人員規模亦不過如此。[①]時人已經非常清晰地意識到，由政府投資的國營事業在規模化生產上比私人企業大很多，《鹽鐵論》記載：「政府把工匠召集起來開展生產，要錢有錢，要器具有器具。如果讓私人來經營，難免格局不大，產品品質參差不齊，現在由政府統管鹽鐵事務，統一用途，平衡價格，官員們設立制度，工匠們各盡其職，自然就能生產出上好的商品來。」[②]在經濟思想史上，這是第一段論述規模化生產優勢的文字。

因為有了規模化的經營，西漢的冶鐵技術也得到了極大的改進和推廣，比如鑄鐵柔化處理技術和煉鋼技術，在西漢初年還沒有普及，但官營冶鐵後卻得到了迅速推廣，工藝也更為成熟。在當時的世界，漢人的鐵器製造技術是最為高超的，遠非周邊少數民族可以相比，《漢書》記載，匈奴與漢軍作戰，需要用五人才能抵擋一個

---

① 陳直：《兩漢經濟史料論叢》，陝西人民出版社1980年版，第109頁。
② 《鹽鐵論‧水旱》：「卒徒工匠，以縣官日作公事，財用饒，器用備。家人合會，褊於日而勤於用，鐵力不銷煉，堅柔不和。故有司請總鹽、鐵，一其用，平其賈，以便百姓公私。雖虞、夏之為治，不易於此。吏明其教，工致其事，則剛柔和，器用便。」

漢軍，主要的原因正是前者的鐵制兵器比較落後。[1] 漢武帝之所以能夠開疆拓土，無往不利，這也是重要的原因之一。

變法的負面效應及爭論

武帝變法所造成的負面效應也是顯著的。

自實體產業及流通被國家專控之後，「文景之治」所形成的民間經濟大繁榮的格局被徹底扼殺，漢朝再難出現司馬遷在《史記‧貨殖列傳》中所記載的那種大商巨賈，商品經濟從此趨於衰竭。

算緡令及告緡令的實行，更是導致了兩個後果：第一，社會財富被強迫「清零」，中產階層集體破產，工商動力喪失；第二，更嚴重的是，政府在這場運動中幾近「無賴」，對民間毫無契約精神，實質是政府信用的一次嚴重透支，從而造成社會財富觀念的空前激蕩，民眾的儲蓄和投資意識從此銳減，據《史記‧平準書》記載：「民偷甘食好衣，不事畜藏之產業。」——「民眾有好看的衣服馬上就穿，好吃的馬上吃掉，不再願意儲蓄投資。」其歷史性後果耐人尋味。

而國營事業在「辦大事」的同時，也體現出了與生俱來的劣質效率。各地鐵官監造出來的民用鐵器品質低劣，而且非常昂貴，還強令民眾購買，導致怨聲載道。

---

[1] 《漢書‧傅常鄭甘陳段傳》：「夫胡兵五而當漢兵一，何者？兵刃樸鈍，弓弩不利。」

　　在知識界，武帝的改革遇到了眾多反對者，其中最為激烈的，包括當世最著名的兩個知識份子——大儒董仲舒和《史記》作者司馬遷。董仲舒是漢代儒學的奠基人物，他明確地反對國營化政策，認為應該使「鹽鐵皆歸於民」，他還提出享受政府俸祿的官員和貴族應該退出商界，不應該與民爭利。[①] 司馬遷的經濟觀點與董仲舒近似，相對的，他對商人階層給予了更多的同情和認可，稱那些大商人是「當世千里之中，賢人所以富者」，有不少史家甚至認定《平準書》和《貨殖列傳》實際上是司馬遷為了反對官營工商業政策而寫的兩篇專題論文。

　　從變法的長期執行效果看，到後期確乎出現了重大的政策後遺症。

　　因國營化政策而增加的財政收入，大多用於國防軍備，平民階層因此而得到的實惠少之又少，這再一次證明，在國家主義的政策之下，國強易得，民富難求。到武帝晚年，出現了「天下困弊，盜賊群起」的景象。西元前89年，68歲的漢武帝頒佈《輪台罪己詔》，內稱「本皇帝自即位以來，所作所為很是狂悖，使得天下百姓愁苦，我現在追悔不及，從今往後，凡是傷害百姓、讓天下人勞苦的政策，全部都要停止」。他提出，「當務之急是停止苛刻粗暴的政策，減少賦稅徭役，恢復重視農耕和畜牧的政策，減少軍備開

---

　　① 《春秋繁露‧度制》：「使諸有大奉祿，亦皆不得兼小利、與民爭利業。」

支」。① 這是中國歷史上第一份記錄在案的皇帝檢討書。以武帝的
雄才偉略，早年不可一世，晚年黯然罪己，也算是歷史的一個諷刺
和警醒。此後，中央政策趨於寬鬆，民間稍得喘息，終於避免了更
大的動盪，司馬光在《資治通鑒》中就尖銳地說，武帝「有亡秦之
失，而免亡秦之禍」。

鹽鐵會議與「桑弘羊之問」

就在頒佈《輪台罪己詔》的兩年後，西元前87年，一代大帝漢
武帝鬱鬱而終。西元前81年2月，漢帝國的朝堂之上舉辦了一次關
於鹽鐵專營政策的公開辯論會，在中國經濟史上，這可以說是最偉
大的一次經濟政策辯論會。一個叫桓寬的人詳實地記錄了辯論的內
容，寫成一部流傳至今的奇書——《鹽鐵論》。

辯論的一方是六十多位來自全國各地、反對國營化政策的儒
生，另一方是桑弘羊和他的屬吏。桑弘羊是武帝最倚重的財經大
臣，他出生於洛陽商人家庭，據稱心算天下第一，他十三歲就入宮
充當「侍中」，此後六十多年間，一直身處內廷之中，幾乎參與了
武帝時期的所有經濟決策，可謂是漢武盛世的最大財經功臣。漢武

---

① 《輪台罪己詔》：「朕即位以來，所爲狂悖，使天下愁苦，不可追悔。自今事有傷害
百姓，靡費天下者，悉罷之。」「當今務，在禁苛暴，止擅賦，力本農，修馬復令，以補
缺，毋乏武備而已。」

帝對臣下猜忌無度，生殺予奪，曾在十年間換了六任大農令，其中誅殺兩人，只有桑弘羊署理財政後再無更替，時人評論說，武帝對他言聽計從，好比當年越王勾踐對文種和范蠡那樣。[①] 在後世，桑弘羊與商鞅、王安石一樣，是一個評價兩極化的人物，有人贊之為「興利之臣」，是中國歷史上最傑出的理財大師，也有人斥之為「亂國酷吏」。武帝在世時，就有儒生對桑弘羊恨之入骨，有一年天下大旱，有人上書獻策曰：「烹弘羊，天乃可雨。」

　　在這場大辯論中，時年七十四歲的桑弘羊明顯處於被攻擊的守勢，桓寬真實地記錄了他當時的種種表情，如「大夫默然」、「作色不應」、「繆然不言」、「悒悒而不言」、「勃然作色，默而不應」、「俯仰未應對」、「憮然內慚，四據而不言」等，顯然是一副被告的模樣，他前後發言一百三十多次，均是為專營政策作頑強的辯護，這也成為後世研究武帝變法的最生動和寶貴的原始資料。

　　群儒反對國營化政策的理由主要集中在以下三點：一是指責鹽鐵、均輸、平準等是「與民爭利」，造成官商勾結，物價沸騰，民間經濟蕭條；[②] 二是國營企業生產和經營存在重大弊端，其商品要麼不適民用，要麼品質低劣，各級官吏則強買強賣；三是不可避免地出現了權貴經濟，形成了一個背靠政權，以國營為名，通過特權

----

　　① 《鹽鐵論‧伐功》：「用君之義，聽君之計，雖越王之任種、蠡不過。」
　　② 《鹽鐵論‧本議》：「縣官猥發，闔門擅市，則萬物並收。萬物並收，則物騰躍。騰躍，則商賈牟利。自市，則吏容奸。豪吏富商積貨儲物以待其急，輕賈奸吏收賤以取貴，未見準之平也。」

攫取龐大利益的經濟集團，他們的權勢大於朝廷重臣，他們的富足一點也不遜色於范蠡之輩。①

群儒所提出的這幾點，在桑弘羊看來，都不意外，他一一予以回應和駁斥。在他看來，這些人來自民間，都沒有治國的經驗，只能提出國營化的弊端，卻提不出有建設性的意見。他提出了著名的「桑弘羊之問」：如果不執行國營化政策，戰爭的開支從哪裏出？國家的財政收入從哪裏得？地方割據的景象如何化解？而這三項不正是治國者必須面對和解決的最重要課題嗎？為了表示自己與滿口「仁義道德」的儒生們的觀念對立，桑弘羊在一百多次的回應中，從來沒有使用過「仁義」二字。

在西漢時期，知識界對商鞅的評價已頗為負面，唯獨桑弘羊對之褒揚有加，在《鹽鐵論》中專門有一章《非鞅》，辯論雙方就這一並不久遠的歷史人物進行了激烈的爭辯。與儒生的觀點截然相反，桑弘羊認為商鞅「利用不竭而民不知，地盡西河而民不苦」，真正做到了「不賦百姓而師以贍」。

在《鹽鐵論》一書中，桑弘羊的經濟思想得到了一次淋漓盡致的呈現。或許是商人家庭的背景，或許是天賦所在，桑弘羊是中國歷史上第一個把工商業看成是「富國之本」的人，這比管仲又進了

① 《鹽鐵論·刺權》：「自利害之設，三業(指鹽鐵、均輸、酒榷三業)之起，貴人之家，雲行於途，轂擊於道，攘公法，申私利，跨山澤，擅官市，非特巨海魚鹽也；執國家之柄，以行海內，非特田常之勢、陪臣之權也；威重於六卿，富累於陶、衛……」

一步。

他提出「富國何必用本農，足民何必井田也」——要讓國家強大何必依賴於農業，要讓百姓富足何必用井田制這樣的笨辦法？又說，「富在術數，不在勞身，利在勢居，不在力耕」——致富之道在於謀略，不在於身體的辛勞；利潤的獲取在於積聚效益，而不在盲目蠻幹。他甚至認為，工商不暢，農業無從發展，國家財政也失去來源。[1] 他甚至一點也不諱言專營政策內在的與民爭利的本質，他說，實行均輸與平準，目的之一就是讓商賈從商品買賣中無從得利。[2]

桑弘羊經濟思想的最大貢獻就是強調工商富國。胡寄窗在《中國經濟思想史》中寫道，桑弘羊幾乎已是擺脫了倫理的局限而考察財富問題，他的重商理念，百代以降，少有認可。[3] 與西方相比，一直到15世紀之後，歐洲才出現了類似的重商主義思潮。桑弘羊所提出及執行的所有經濟政策的主旨並不在於壓抑工商業——相反，他和漢武帝最早透徹地看到了工商業所產生的巨大利潤，他們的目標在於將工商業中的私人利潤轉化為國家的利潤。也就是說，主張發展以國營工商業為主體的命令型計畫經濟，桑弘羊繼承了管仲的

---

[1] 《鹽鐵論‧本議》：「故工不出，則農用乏；商不出，則寶貨絕。農用乏，則穀不殖；寶貨絕，則財用匱。」

[2] 《鹽鐵論‧本議》：「賤即買，貴則賣。是以縣官不失實，商賈無所貿利，故曰平準。」

[3] 胡寄窗：《中國經濟思想史（中冊）》，上海財經大學出版社1998年版，第116頁。

鹽鐵專營思想，並進一步把這一做法擴大化和制度化。

在這個意義上，說中國自古是「輕商」的國家，就成了一個偽命題。因為，自漢武帝之後的中國歷代統治者從來沒有輕視工商業，他們只是抑制民間商人而已。他們把最能夠產生利潤的工商業收歸國家經營，深諳工商之於富國的意義。當國家直接進入產業經濟階段之後，國家資本集團就與民營資本集團構成了競爭之勢，後者自然就遭到了打壓。所以，輕視商人與重視工商，正是一體兩面的結果。

鹽鐵會議是中央集權體制在中國出現之後，人們對經濟治理模式的一次總檢討，面對一個前所未見、疆域廣闊、人口眾多的帝國，人們顯得焦慮而手足無措，而剛剛過去的武帝「盛世」，既讓他們感到了帝國的榮耀，同時也飽受集權之苦。在大辯論中，辯論雙方所涉及的話題已非常深入，甚至可以說，困擾中國至今的眾多治國難題，特別是中央與地方的權力分配以及國家在國民經濟中的角色困境，在當時已經畢現無遺。群儒對於桑弘羊的政策，只知洶洶反對，卻提不出任何建設性的方案，雙方交鋒每每擦肩而過。群儒一直不敢直面那道難解的「桑弘羊之問」。事實上，直到今天，國人仍然沒有找到解決的答案。

王莽變法：
第一個社會主義者的改革

第四講

王莽變法：
第一個社會主義者的改革

　　王莽執政的時間甚短，僅僅十五年，不過他搞的那場經濟改革卻轟轟烈烈，很有典範性，胡適因此稱他爲「中國歷史上的第一位社會主義者」。故而，我們要專闢一講討論。

　　在歷史教科書上，王莽是一個被符號化了的陰謀家，唐代詩人白居易有詩曰：「周公恐懼流言日，王莽謙恭未篡時。向使當初身便死，一生眞僞復誰知？」不過到了近世之後，知識界的態度大有轉變，胡適兩次撰文爲之翻案，他寫道：「王莽受了一千九百年的冤枉，至今還沒有公平的論定……然而王莽確是一個大政治家，他的魄力和手腕遠在王安石之上。我近來仔細研究《王莽傳》、《食貨志》及《周禮》，才知道王莽一班人確是社會主義者。」[1] 因寫作《中國人史綱》而聞名的歷史學家柏楊也在自己的著作中說：「王莽是儒家學派的鉅子，以一個學者建立一個龐大的帝國，中國

---

　　[1] 胡適：《1900年前的社會主義皇帝王莽》，《皇家亞洲學會華北分會會刊》1928年第59期。

歷史上僅此一次。王莽有他的政治抱負，他要獲得更大權力，使他能夠把儒家學說在政治上一一實踐，締造一個理想的快樂世界。」所以他的改制都是「爲了改善這種不公平和剷除造成這種不公平的罪惡」。①

中國歷代開國皇帝大多爲「馬上得天下」的武夫，只有一婦一儒例外，即武則天和王莽。胡適、柏楊等人欲爲之翻案，都與那場經濟變革有關。

變法背景：世族經濟威脅中央集權

自商鞅推行軍爵制之後，貴族世襲傳統被打破，然而，中國社會由貴族形態向士紳形態轉型則又經歷了七百年左右的過渡期，即自西漢中期到隋，我們稱之爲世族形態，與之適應的便是世族經濟。

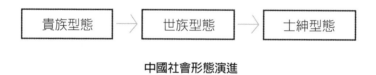

貴族型態 ⟶ 世族型態 ⟶ 士紳型態

中國社會形態演進

所謂世族，與貴族不同，它並沒有得到政權的法定確認，而是以血緣來維繫和傳承，其衍續壯大，有賴於一代代子弟的經略努

①柏楊：《中國人史綱》，中國友誼出版公司1998年版，第298—299頁。

力。同時，世族在價值觀上一切以家族利益爲重，國家意識薄弱，對中央政權缺乏忠誠度。

由戰國而秦，再由秦入漢，先後產生了大批平步青雲的軍功地主，他們獲得授田，然後憑藉豐厚的賞賜俸祿、社會地位的優勢，再大肆購置田地。與此同時，他們招募大量的私人農戶，這些人租耕土地，不直接向政府繳納租稅，甚至不服徭役，不是政府在冊的編戶人口。其經濟安排，按自給自足的原則規畫經營，方圓之內，農、林、牧、副、漁多種經營，樣樣具備，還有自成體系的小型灌溉系統，做到「有求必給，閉門成市」。世族莊園的四周則建有自衛的「塢堡」，擁有一支召之能戰的私人武裝。在世族內部，因血緣宗族而構成紐帶，族長的意旨就是全族的意旨，可以左右全宗族以何種方式參與社會活動。這種社會組織具有強烈的封閉性，可以完全不依賴外界而獨立生存。

漢武帝時期，世族勢力遭到壓抑，他去世之後，各項管制政策相繼鬆弛，繼任的幾位皇帝都很軟弱，中央朝綱日漸爲外戚和宦官所把持，而地方上的世族勢力乘機崛起。他們在朝堂之上，左右政策走向和人事安排；在地方，則官商結合，自成體系，大量兼併土地和招納人口，盤根錯節，終成豪強氣候。到西漢中後期，這一情況已經相當嚴重，出現了「四世三公」、「一門五侯」的「佳話」，世族門閥不可一世。

世族集團在經濟上「閉門成市」，嚴重阻礙了商品大流通，使得生產力無法釋放，在政治上對中央集權構成威脅，隨時可能孕生顛覆政權的力量。西元8年，王莽篡漢稱帝，國號「新」，這本身

就是一起外戚奪權事件，王莽的姑母王政君是漢元帝的皇后，王家曾五人同日封侯。在獵取了政權後，王莽試圖一舉改變世族失控的現狀，便迅速地展開了全面的經濟改革。

改革三戰場：財政、貨幣和土地

王莽變法自稱是「奉古改制」——中國人從來認為今不如古，前人比今人聰明。不過從政策上看，他並不想改回到遙遠的周代去，改革的目標其實就是「漢武帝—桑弘羊」模式。他的改革基本上緊緊地圍繞影響宏觀經濟的「三大核心課題」財政、貨幣和土地而展開。

王莽登基第二年，就推出「五均六筦」。所謂「五均」，是在長安、洛陽、邯鄲、臨淄、宛、成都這六大都市設立五均官，由原來的令、長兼理，稱為「五均司市師」，他們的工作，一是定時調節、均平物價，名曰「市平」；二是控制市場供應，市場貨物滯銷時，以低價收購，貨物漲價時，則以高價出售；三是辦理賒貸，根據具體情況，發放無息貸款(賒)或低息貸款(貸)；四是徵收山澤之稅及其他雜稅。所謂「六筦」，是指官府掌管六項經濟事業，即由國家專賣鹽、鐵、酒，專營鑄錢，徵收山澤生產稅，經辦五均賒貸。簡而言之，「五均六筦」就是全面恢復鹽鐵專營和均輸、平準二法。

從王莽為「五均六筦」所下達的詔書看，他對專營政策的理解是非常到位的。他說，政府要管制的都是民眾日常必需品，即便

價格很高，民眾也一定會購買的商品，也就是「關係到國計民生的關鍵性產業」，這些產業國營化之後，就可以達到「齊眾庶，抑兼併」的目的。胡寄窗評論說：「在王莽以前，倡議經濟管制者如管仲與桑弘羊，對管制政策的必要性都不如王莽所講的透徹。」[1] 不過，後世的人們也都知道，所有推行計畫經濟的人無不以「均貧富」和實現社會公正為口號，而實際上都是為了加強集權以及擴充財政收入。

與漢武帝時期的國營化政策相比，王莽的政策推出太密集，計畫色彩甚至更加濃重。比如，在零售物價的管制上，到了事無巨細的地步，《漢書‧食貨志》記載，政府在規定的時間對各種商品進行分類定價，同一種商品按品質的不同分成上、中、下三等，然後才允許商賈拿到市集上去銷售。[2] 這無異於用計畫之手完全地代替了市場的功能。

如果說王莽在財政和產業政策上完全效仿漢武帝，那麼，他在貨幣和土地改革上則要激進得多。

王莽第一次改變幣制是在登基前一年，即西元7年的5月，他以周錢為藍本，增鑄貨幣，新幣分三種，各值五千錢、五百錢和五十錢，是為「大錢」。當時，國內已經呈現通貨膨脹的苗頭，新幣的名義價值遠遠高於舊幣五銖錢，於是民間私鑄之風大起，王莽下令

---

① 胡寄窗：《中國經濟思想史（中冊）》，上海財經大學出版社1998年版，第162頁。
② 《漢書‧食貨志》：「諸司市常以四時中月，實定所掌，為物上、中、下之賈，各自用為其市平。」

禁止列侯以下私藏黃金。

西元8年，新朝創立，王莽以「奉天承運」爲名義改出一銖小錢，社會傳言說五銖錢和大錢都要被廢止，市場頓時大亂，王莽一方面把涉謠者、傳謠者抓起來，流放邊疆，另一方面則大量鑄造小錢。到了西元10年，王莽突然又宣佈改變幣制，把貨幣總名爲「寶貨」，分金貨、銀貨、龜貨、貝貨、錢貨、布貨等六種，六種貨幣又細分爲二十八個品種。因品種繁多，換算比值又不合理，造成老百姓理解混亂，交易大受影響——「百姓憒亂，其貨不行」。四年後，王莽被迫第四次改變幣制，他下令廢止大錢、小錢，發行「貨布」(重二十五銖，值二十五)、「貨泉」(重五銖，枚值一)兩種貨幣。在短短七年間，王莽進行了四次幣制改革。

在土地改革上，王莽提出的改革方案最爲決絕——恢復全面的土地國有制，然後平均分配給農民耕種。其具體政策是：把天下的田地都更名爲「王田」，一律不得買賣，凡是一個家庭男丁不到八個而田地超過一井(計算單位，一井爲九百畝)的，就把多餘的部分分給宗族和同鄉的人。①

這是自商鞅「廢井田」之後，第一個重新推行土地國有化的政權。土地是世族集團得以生存和繁衍的根基，在此之前，針對土地兼併的狀況，很多人提出過種種遏制設想，比如董仲舒就建議「限

---

① 《漢書·王莽傳》：「今更名天下田曰『王田』……不得買賣，其男口不盈八，而田過一井者，分餘田予九族鄉里鄉黨。」

田」，他深知恢復到井田制的辦法是不可行的，不過可以通過額定每戶擁有土地的上限，來防止兼併過度。[1] 這種在肯定土地私有制的基礎上平均地權的思想，在後來的歷史中是主流。王莽推行王田制，是對土地性質進行的一次革命。如果從兩千年歷史來看，從先秦到1949年，歷代治國者中試圖將土地全面國有化的人非常少，嚴格來講，只有兩人，一是新朝王莽，再一個是中華民國的締造者孫中山，而孫氏只是紙上宣示[2]，王莽卻付諸實施。

在推行土地國有化的同時，王莽宣佈不准買賣奴婢，其理由是奴婢買賣有悖於「天地之性人為貴」的聖人之義。從記載看，王莽似乎一直對奴婢抱持同情的態度，在還沒有當上皇帝的時候，他的次子殺死了一名婢女，王莽硬逼著他自盡償命。因此，不少史家對王莽禁止買賣奴婢政策的評價很高，認為這是一個人道主義的創舉。不過，僅從經濟的角度來看，王莽的思考未必及此，限制土地兼併與限制人口兼併，是打擊世族門閥勢力的配套性政策。

最慘烈的改革結果

王莽的經濟改革，是以掉腦袋落幕的。

「五均六筦」的國營化改革，剝奪了民間工商業的所有利潤，

---

[1] 《漢書·食貨志》：「古井田法雖難卒行，宜少近古，限民名田，以澹不足，塞並兼之路。」

[2] 1906年，孫中山在《民報》第三號上宣佈革命的六大主義，其中第三條為土地國有，「均地政策為人民平等之基礎」。在《民報》第十號上，他更宣告：「中國行了社會革命之後，私人永遠不用納稅，但收地租一項，已成地球上最富的國。」

卻沒有帶來國庫的充盈。王莽效法漢武帝，任用了一批商人來經營「五均六筦」。他任命京城最出名的鉅賈王孫卿爲主管市場的京師市師、漢司東市令，任命洛陽城裏有「十千萬」資產的富商張長叔、薛子仲爲納言士，在各地設置專營事務的官吏時，大多用的是當地的商人，讓他們當交易丞、錢府丞等。由於缺乏鐵腕的監督機制，這些穿著官服的商賈乘機與行政官員沆瀣一氣，虛設賬簿，掏空國庫，大肆牟取私利，最終的結局是，官府的錢庫沒有充實多少，卻弄得天下百姓苦不堪言。①

七年四次的幣制變動讓金融秩序大亂，政府的金融信用幾乎破產。史載，「每次變動，都造成民間的一次大破產，監獄裏因此人滿爲患」。②

土地國有化引起中產以上利益集團的集體反抗。早在西漢時期，土地就成了財富的主要承載形式，具有「類貨幣」的性質，王莽在缺乏任何民意基礎的前提下貿然推行王田，自然得罪了幾乎所有的社會階層。

在執行層面上，行政官吏的懈怠及不配合也是造成改革凝滯的重要原因。王莽是一個特別多疑和迷信的人，常常藉口地震或日食裁撤官吏，在執政的十多年裏竟然換了八任大司馬。

---

① 《漢書‧食貨志》：「郡有數人，皆用富賈。……乘傳求利，交錯天下。因與郡縣通姦，多張空簿，府臧不實，百姓愈病。」
② 《漢書‧食貨志》：「每壹易錢，民用破業，而大陷刑。」

因此，王莽變法既得罪了世族和有產者，又得不到無產者支持，而中央又沒有增加收入，可謂疲勞天下，一無所得。改革進行到第十四個年頭，已經無法寸進，西元22年，王莽不得不下詔書，廢止即位以來的所有改制政策。可是，天下事已不可為，第二年的10月，叛軍攻進長安城，王莽逃至未央宮的漸臺，被人砍下了腦袋。

王莽變法的失敗，既是一次古典社會主義的試驗失敗，又是理想主義者的失敗。很可惜的是，他的真實面目一直被「篡漢者」的形象所遮掩，而從未被認真地討論過。胡適、柏楊為他翻案，也都是站在意識形態的角度——肯定其善良或者說天真的改革動機，卻沒有回答失敗的原因。

如果我們將王莽變法與之前的漢武帝變法相對比，便可以得出如下的技術性差異——

在經濟改革與政治改革的關係上，兩場改革都以加強中央集權為目標，而經濟集權的前提正是政治集權。武帝啟動改革之時，「七國之亂」已然平息，削藩取得成功，在政治上，中央已形成不容對抗的集權能力。可是，王莽以外戚身份取漢而代之，政權的合法性問題並沒有得到解決，因此，激進的經濟改革勢必遭遇重大阻力。

在改革與民心的關係上，從四大利益集團的權益博弈來看，中央集權改革將侵蝕地方政權和有產階層的利益，所以改革成功的前提是，務必獲得底層民眾的支援，也就是必須「把人民發動起來」。一般而言，集權者用以鼓噪民心的理由大抵有四個：抵禦外

國侵略、防止地方割據、反貪反腐、反對貧富不均。漢武帝搞改革的口號是保家衛國，漢王朝對匈奴的戰爭順乎當時的民心，爲改革爭取到了強大的輿論支持。王莽在政權未穩、未取得社會共識之際，就匆匆變法，缺乏廣泛的民意基礎，而且他推行的眾多改革措施——特別是幣制改革從一開始就讓基層民眾受損。

在集權式改革與民間財富的關係上，任何集權式的經濟改革從本質上來說都不是爲了促進生產力，而是通過財富的重新分配，使中央政府獲得更多的經濟權益。漢武帝變法建立在七十年「文景之治」的厚實基礎之上，長期的休養生息爲國營化政策留下了巨大的斂財空間，而且財富藏於民間商人之家，易於剝奪。王莽則沒有這樣的社會條件，西漢末期財經疲弱，天災不斷，而且，龐大財富握於官商一體的世族集團之手，搜刮的難度自然大增。

在改革與官僚執行能力的關係上，劉徹是一代雄主，心狠無情，手段霹靂，他在改革中有效地發揮了能臣以及酷吏的作用，在不同的階段用不同的官吏，用之深寵，過之則棄，絕無拖沓。而他與桑弘羊的合作關係長達四十餘年，如同一對政治夥伴。王莽用人多疑，好換將帥，沒有一支忠心高效的執行團隊。

一場大的社會變革如同空間重構，疏處應可跑馬，密處必不容針，王莽變法缺乏系統思考和風險預警，魯莽激進，漏洞百出，失敗乃題中之義。

劉秀對世族開戰的失敗

王莽被殺後，劉秀稱帝，建立東漢政權。劉秀是南陽的遠裔劉姓宗族，他這一脈宗族正是王莽想要削弱的地方世族勢力，跟隨劉秀創建東漢政權的「雲台二十八將」，大多是豪強世族，戰爭時期，地方勢力乘機廣占田園，營建塢堡，擁兵自重。

劉秀披上帝袍之後，馬上轉換角色，仍然要削弱世族勢力。政策的動刀之處，還是土地兼併和人口兼併。

東漢政權延續了西漢的名田制度和戶籍制度。《資治通鑑》中多處提及，朝廷下令「吏民不得田宅踰制」、「商者不農」等，劉秀也數次下詔釋放奴婢，可是成效卻非常微小。到了西元39年，在執政十五年之後，劉秀終於痛下決心，下達了著名的「度田令」，要求全國嚴格檢核墾田頃畝和清查戶田，以徹底杜絕兼併之勢。可是，「度田令」在朝野上下遭到了強烈的反對，劉秀為了殺一儆百，處死帶頭鬧事的大司徒歐陽歙，其弟子千餘人集體上書求情，劉秀不准。為了對抗，各地豪強紛紛武裝暴亂，劉秀四處彈壓，恩威並施，總算把叛亂平息了下來，可是，豪強勢力實在太大，頑疾始終不能徹底根除。到了後來，劉秀一聲歎息，只好與之妥協，他留下了八個字，曰「苟非其時，不如息人」，也就是自認時機不到，不如息事寧人。

中國自從形成大一統的帝國模式之後，歷朝新建，首要任務必是「削藩」，「削藩」成功，中央集權可得，「削藩」不成，中央與地方、政府與財閥的權力和利益之爭必永無寧日。東漢初建，豪

強除而不盡，光武帝就學不成漢武帝了。

東漢一朝再沒有出現強權皇帝，世族力量非但沒有削弱，反而日漸增強，史家唐長孺認為：「州郡僚佐中所謂大吏右職照例由本地大姓壟斷。大姓冠族每郡只此數姓，所以州郡大吏就帶有世襲性。……我們認為東漢時期的地方政權在一定程度上是由當地大姓、冠族控制的。」[1] 在莊園經濟之下，自由的民間工商業者顯然並不能得到充分的發展。各地方豪強一方面握有行政權力，另一方面又利用各種專營政策，形成了無與競爭的世族經濟。

世族經濟歸根到底是權貴經濟，由權牟利，是最快捷的致富途徑，因此，在這種社會形態之下，「導致中國歷史上前所罕見的官商勾結與官僚資本」。[2] 而整個社會的公共資源及財富聚集在少數家族的手中，又會造成嚴重的貧富懸殊和社會不公。

在這個意義上，由東漢至魏晉南北朝的數百年，歷史的事實證明，缺乏集權的地方分裂或自治模式，同樣找不到與之相匹配的、能夠促進社會進步及物質文明發展的經濟制度。與中央集權相比，分權自治所可能——或者說必然帶來的戰爭等暴力威脅，給人民帶來了更多的痛苦。在這樣的邏輯下，中國的國家治理深深地陷入集權與分權的兩難境地。

---

① 唐長孺：《魏晉南北朝隋唐史三論》，武漢大學出版社1992年版，第43頁。
② 侯家駒：《中國經濟史》，新星出版社2008年版，第260頁。

「桃花源記」的經濟學詮釋

西元184年，河北爆發黃巾軍起義，繼而引發西元189年的「董卓之亂」，從這一時間開始，到西元589年的整整四百年，是中國歷史上最長的混亂和分裂時期，是爲三國、魏晉南北朝。

這數百年間，出現了兩大極致景象，一是國民思想的大解放，二是工商經濟的大倒退。

中國歷史上有過三次思想大解放時期，一是春秋戰國，二是魏晉南北朝，三是20世紀初的民國初期，其共同的特徵是，全數出現在中央集權瓦解或喪失的時期。在魏晉南北朝，思想禁錮被打開，各民族互相交融，呈現奇葩爭豔的絢爛景象，出現了難以計數的軍事家、繪畫家、文學家、宗教家。

與思想解放同時發生的是經濟的驚人大倒退。自戰國之後，自給自足的自然經濟日漸讓位於商品經濟，到了西漢，商貿越來越發達，職業分工趨於專業。然而東漢末年以降，一切工商秩序被踐踏破壞，主要表現有三：一是貨幣無法正常發行。董卓之後「錢貨不行」，老百姓以穀物和布帛爲貨幣，市場機能嚴重退化。二是地方割據，塢堡林立，全國性的統一大市場遭到破壞。據鄒紀萬在《魏晉南北朝史》一書中的統計，永嘉之亂後，塢堡組織發展至高峰，譬如魏郡、汲郡、頓丘有五十餘，冀州有百餘，雁門、太原等地有三百餘，關中地區最多，有三千餘，各地豪強紛紛結塢自保。[1] 三

---

[1] 鄒紀萬：《魏晉南北朝史》，長橋出版社1979年版，第116頁。

是城市文明屢興屢毀。以洛陽爲例，三百多年間六興六毀，繁榮轉眼成空，與洛陽齊名的長安至少遭過四次大劫，而南方的建康（今江蘇省南京）則三次被夷爲平地。

更爲驚心的是人口的銳減。東漢末期的西元157年，全國已有人口7200萬，到西元265年司馬炎建立晉朝時竟銳減至2400萬，只剩下三分之一。到西元300年，人口好不容易恢復到3380萬，可是「八王之亂」爆發後，人口死亡過半，西晉南遷時，漢族人口甚至已不到1500萬。翻開這段史書，到處是殘酷殺伐、屠城流血、陰謀政變。

長期的分裂戰亂，在中華民族的國民記憶中烙下了深刻的印記，從而根植下兩個傳統價值觀：其一，「寧做太平狗，不做亂世人」，在政治上，呼喚大一統的獨裁和集權統治；其二，在經濟上，嚮往避世無爭的小農社會。這是兩個看上去似有矛盾的訴求，最終卻在明清兩朝得以「完美」實現。

東晉文人陶淵明曾寫《桃花源記》，講一個武陵漁民誤入桃花源，此地與外世完全隔絕，阡陌交錯，雞犬相聞，居民甚至「不知有漢，無論魏晉」。漁民告知外部世界發生的戰亂，「皆歎惋」。這篇散文寫得十分優美，被列入後代的每一種教科書中，幾乎人人讀過，並以之爲最理想的社會形態。

不過，如果從經濟學的角度來詮釋，結論卻大有不同：桃花源村小民寡，是一個沒有工商產業的農耕社會，物質條件非常貧瘠，而且，與外界沒有任何的交通、資訊以及商品流通往來，因而，經濟和文化發展徹底停滯。陶淵明沒有記載桃花源中是否有鹽井，如

果沒有，則必須求諸外世，否則從生活飲食上無法解釋。因此，對桃花源的嚮往，實質上是一種心理上的「返祖」現象，若國民經濟退回到桃花源的狀態，則無疑是一次難以置信的反動，是對社會進步的一種消極放棄。

然而，對桃花源式的、封閉自足的自然經濟的嚮往，在魏晉時期成為一種主流意識並影響深遠。比陶淵明晚一百多年的北朝儒生顏之推寫過一部流傳甚廣的《顏氏家訓》，在治家篇中，他教育子孫們說：「生民之本，要當稼穡而食，桑麻以衣。蔬果之畜，園場之所產；雞豚之善，塒圈之所生。爰及棟宇器械，樵蘇脂燭，莫非種殖之物也。至能守其業者，閉門而為生之具以足，但家無鹽井耳。」也就是說：「人民生活的根本就是自己栽種莊稼以收穫食物，親手種桑織麻，所有的生活用品，從一隻雞到一頭豬，從一把鋤頭到一根蠟燭，都是能自給自足的，所求於外部世界的，只有鹽而已。」自宋明之後，《顏氏家訓》成為很多家族家訓的藍本。若從國史而論，從道家《道德經》的「鄰國相望，雞犬之聲相聞，民至老死，不相往來」，到儒家孔孟對井田制的癡迷，乃至陶淵明的《桃花源記》、朱元璋對男耕女織的刻意追求，最近溯及毛澤東的「免費吃飯」的人民公社，一路延溯，可見小農經濟在國民中的吸引力。

世民治國：
最盛的王朝與最小的政府

第五講

世民治國：
最盛的王朝與最小的政府

　　法國年鑒派歷史學家布羅代爾提出過「世界時間」的概念。按他的觀點，人類文明的進步並不均衡地發生在地球的每一個地方，相反，它只出現在少數的兩到三個地方，這些地方所呈現的景象代表了那個時期人類文明的最高水準，在一張簡化了的世界地圖上，很多地點是無聲無息的空白，它們完全地處在轟轟烈烈的歷史之外。每一個國家的國民都應該警惕地尋找自己的方位，去判斷自己到底是身處「世界時間」之中，還是置身事外，是與「世界時間」同步前行，還是被遠遠地拋棄在外面。①

　　若將兩千多年的中國歷史放置於世界文明史中，我們或可以發現，兩漢時期，「世界時間」確乎是在西方的羅馬城和東方的西安、洛陽。西元6世紀之後，中國獨享「世界時間」長達一千年之久。從13世紀開始，西方的進步聲浪越來越響，到18世紀，「世界

---

　　① 費爾南・布羅代爾：《15至18世紀的物質文明、經濟和資本主義》第三卷《世界的時間》，施康強、顧良譯，生活・讀書・新知三聯書店2002年版，「前言」第2—3頁。

時間」的鐘擺徹底離開了中國。直至我寫作本書的2013年前後，中國與美國並稱爲G2①，「世界時間」重新回來。

在千年鼎盛時期，唐朝無疑是其中最顯赫的一個階段。中國於西元589年重新統一，楊堅在長安建立隋朝。29年後，李淵代隋，創建唐朝。後人好以一字定義歷朝，譬如暴秦、強漢、弱宋，唐朝是唯一被冠之以「盛」的。唐朝前後290餘年，治國者在軍政及經濟政策上的創新頗有讓人耳目一新之處。

科舉制以及世族勢力的式微

唐朝在四大制度建設上的最大貢獻是推行科舉制。

科舉始創於隋，奠型於唐。政府通過定期考試來選拔官吏，考試的內容是研習儒家經典——有人計算過，它們的總字數在90萬字左右。這種定期考試從西元605年（隋大業元年）開始實行，到1905年（清光緒三十一年）爲止，整整實行了1300年，由於採用分科取士的辦法，所以叫做科舉。科舉制是對軍爵制的演進，從此，文武二士都擁有了公平地進入體制內的通道，不再成爲反對的力量。早在唐代，就有人發現了其中的奧秘，趙嘏曾賦詩曰：「太宗皇帝眞長策，賺得英雄盡白頭。」科舉制度造成知識階層對國家權力的絕對

---

① G2：Group 2，由美國經濟學家費雷德・伯格斯坦於2008年提出，即由美國與中國組成一個「集團」（Group），以替代已有的G8（「八國集團」），攜手合作解決世界經濟問題。美國經濟史學家尼爾・弗格森進而創造了一個新名詞：「中美國」（Chimerica）。

依賴，在這個由「規定動作」組成的考試行動中，知識份子首先喪失了獨立存在的可能性，進而放棄了獨立思考的能力，也就是從這一制度確立之日起，曾獨立存在的知識份子階層在中國歷史上完全地消失了。

社會精英中的第三個集團——商人階層，則仍然被排斥在外。唐朝開國皇帝李淵規定「工商雜類不預士伍」，緊閉商賈從政之門。其子唐太宗李世民也主張將商人排斥在主流社會，特別是政治圈之外。他曾囑咐重臣房玄齡：「朝廷的各種官位，都是為賢人準備的，那些工商雜流，即便人才出眾，也只可以讓他們多多發財，一定不能授以官職，使得他們能夠與賢人君子並肩而立，同席而食。」① 這段話在後世非常出名，被歷代治國者奉為圭臬，視為一項毋庸置疑的基本國策。此外，唐太宗還在服飾上對各種身份的國民進行區別，五品以上的官員可以穿紫袍，六品以下的穿緋綠的官服，胥吏的衣服是青色的，一般百姓穿白色的，軍士穿黃色的，而商賈則必須穿黑色的。②

在政治經濟史的意義上，科舉制是對世族模式的一次徹底「反動」。過去數百年間，世族模式和莊園經濟困擾著歷代治國者，幾乎鮮有改造成功者，王莽改制，十年而亡，劉秀「度田」，不了了之，東漢政權的羸弱以及魏晉南北朝的紛亂，莫不與此有關。直到

① 《舊唐書·曹確傳》：「朕設此官員，以待賢士。工商雜色之流，假令術逾儕類，止可厚給財物，不可超授官秩，與朝賢君子比肩而立，同坐而食。」
② 《舊唐書·輿服志》：「貴賤異等，雜用五色。五品已上，通著紫袍，六品已下，兼用緋綠。胥吏以青，庶人以白，屠商以皂，士卒以黃。」

科舉制出現，才從制度上切斷了世族繁衍的根源。

唐太宗對世族力量的打擊可謂不留情面。有一次，禮部修編《氏族志》，以傳統的世家大族崔家為第一等，太宗大為光火，他說：「我跟山東的崔家、盧家也沒有什麼舊嫌，可是他們已經世代衰微，沒有出過什麼了不起的大人物了。我現在定氏族，是要推崇我大唐的冠冕人物，怎麼能以崔家為第一等！」於是，他親筆朱批，提出「不須論數世以前，止取今日官爵高下作等級」，在他的干預下，天下姓氏合二百九十三個，共分九等，崔家降為第三等。呂思勉在《隋唐五代史》中評論道：「儘管太宗這種公開羞辱的做法有點牽強，不過其宗旨正在於打擊世族勢力，否定血緣階級。」①

正是在制度和公眾觀念的雙重催動下，世族門閥的力量逐漸蛻化，中國社會自此完成了從世族形態到士紳形態的轉型。所謂的「富貴不過三代」，確實是唐宋之後的景象，乃對平民社會的一種另類描述。

李世民解決吏政、兵政之患

現代西方經濟學宣導「小政府，大社會」，唐朝似乎是一個古代版本。

---

① 呂思勉：《隋唐五代史》，上海古籍出版社1984年版，第787—788頁。

　　李淵開國之後，把一切山澤稅、鹽稅統統廢罷，之前由國家專營的鹽、鐵、酒等產業全數放縱民眾自主經營。在農業稅方面，唐代的稅收是取五十分之一，遠低於西漢的三十分之一，徭役則是每年二十天，也比前朝要少。西元626年，李世民即位後，當月就頒佈詔令，把潼關以東的關卡全部停廢，以讓貨物自由流通。[①] 有唐一代，還停止了商稅的課徵。中國古代商品經濟最為發達的唐宋兩朝對商品交易的徵稅一直非常少，唐朝全免，宋朝徵收過稅和住稅兩種，稅率分別為2%和3%，這一方面造成商品流通的空前繁榮，培養了國民的貿易精神，另一方面使得政府收入完全依賴於農業稅和專營收入。

　　中國很多朝代在開國之初，實行的都是輕徭薄賦、休養生息的政策，可是隨著時日推衍，各種賦稅便疊床累架地增加起來，人們歸之於統治者的貪婪或揮霍。其實，根本原因是行政成本的增加，最剛性者，一為養官成本，二為養兵成本，是為「吏政之患」和「兵政之患」。唐朝的寬鬆政策持續了120餘年，與李世民在這兩項的制度創新有關。

　　唐朝的中央政府實行六部制，比漢朝的十三曹整整少了七個部門，是一次很大的部門精簡。李世民用官非常之少，貞觀年間，中

---

　　① 《冊府元龜》卷五百零五：「唐太宗武德九年八月甲子即位。是月壬申，詔曰：……通財鬻貨，生民常業。關梁之設，襟要斯在。義止懲奸，無取苛暴。近代拘刻，禁禦滋章。……非所以綏安百姓……其潼關以東，緣河諸關，悉宜停廢。其金銀綾絹等雜物，依格不得出關者，不得須禁。」

央機構中的文武官員最少時只有643人，全國僅7000餘人，這應該是歷朝人數最少的政府了。據明末學者朱國楨的統計，有唐一代需財政負擔的官員總數最多時約為1.8萬人。

唐朝的官員按官職高低都可以領到一塊「職份田」，此外還有永業田，即便是八品或九品的小官，也有永業田二頃。此外，則可以領到一份年薪。即便是養那幾百個官員，李世民竟還捨不得由財政出錢，他想出了一個非常古怪的「公廨錢制度」，就是對富豪家庭定向徵收一筆「特別財產稅」，以此養官。

早在高祖李淵時期，朝廷就對天下的富商進行了一次資產清查，按資產多少定為三等——後來改成九等，並規定「每歲一造冊，三年一造籍」。在把人數基本摸清楚的前提下，到了西元637年（貞觀十一年），唐太宗下達詔書，容許長安七十多所衙門，每所可選「身能佔販、家足資財」的商人九名，號稱「捉錢令史」，每人貸予「公廨錢」5萬錢，用於商業活動，每月納利息4千錢，一年4.8萬錢，以單利計算，年利率約為百分之一百。這一政策，相當於讓長安城裏最有錢的七百個富豪家庭，每年繳納一筆數目不菲的「特別稅」。很可能的情況是，政府貸出的「公廨錢」僅僅是名義上的，而繳納的利息則是真金白銀。這一政策很快在全國各州普遍實行。為了鼓勵商人接受公廨錢制度，唐太宗在全國特別設立了七千個基層官員崗位（「防閣」），只要納滿一年，家庭就可以派出一人當官，不過任期只有兩年，之後由其他納稅的「上戶」取代。

公廨錢制度在唐代執行了很久，玄宗初年，年利率降低到70%，繼而再降到60%、50%，每筆強迫貸款金額也有降低，被選中的商人所獲權益，早期是當官吏，後來則改為免除徭役。唐太宗

發明的這個制度，在後世的學界引起過很大的爭議。褒之者認為，這一制度雖然「粗糙」卻很直接，政府養活了官員又巧妙地避免了廣徵稅賦。貶之者則認為，這是對富有家庭的一次強制性的制度盤剝，它雖然比漢武帝的算緡令溫和一些，不過本質卻是一致的，另外，百分之一百的高利率亦是對全國金融市場的破壞，富戶很可能以類似利率放貸給一般平民，從而導致全社會資金流通成本的抬高，當時就有人批評說，其結果是「富戶既免其徭，貧戶則受其弊」。不管怎樣，唐太宗想出的「公廨錢」的辦法確實起了高薪養廉的作用，唐初吏治為歷代最好。

在軍費開支上，李世民的支出也很少，唐朝實行的制度是「兵在藩鎮」，即由地方財政支出養駐軍。李世民任用將帥執行了「三不原則」，即「不久任、不遙領、不兼統」，以防止他們擁兵坐大。

由此可見，李世民算得上是史上最精明的治國者之一，他讓富人出錢養官，讓地方出錢養兵，中央政府的財政支出就變得很少，「小政府」因此而生。

關於專營政策的反覆與爭議

從西元618年開國到742年(唐玄宗天寶年間)，唐政權對工商業的寬鬆政策衍續百餘年，其中也頗多反覆與爭議。

《新唐書》記載一事：西元703年，當時執政的是中國唯一的女皇帝武則天，有關部門要求重新課徵關市之稅。一位叫崔融的大臣當即上書制止，洋洋灑灑地提出了「六不可」，其核心意思是，若

徵了關稅，必然增加民間負擔，阻礙商品交易，最終會造成社會動盪，政府得不償失。武則天採納其意，打消了課徵的念頭。

對於鹽鐵之利的爭論則更大。

白壽彝在《說秦漢到明末官手工業和封建制度的關係》一文中細述了南北朝到唐中期前的制度衍變：在北魏初期，河東郡的鹽池原歸官府所有，以收稅利，後來罷止，很快被一些富豪之家所擁有；孝文帝延興年間（471—476年），朝廷復立監司，再收稅利；到了宣武帝時期（499—515年），再次解禁；神龜年間（518—520年）又歸國有，「其後，更罷更立」，數次反覆。隋文帝立國，宣佈罷禁之令，唐朝則衍續隋制，達一百多年之久。①

到了唐玄宗開元元年（713年），大臣劉彤上《論鹽鐵表》，重新拾起專營之議。在他看來，把山海之利放於民間，只會造成更大的貧富差距，所以應該收歸國有，以達到「均貧富」的目的，這才是真正的帝王之道。② 跟歷代所有主張國營化政策的人士一樣，劉彤的立論之本是「奪富濟貧」，而實質還是增加國家財政收入。玄宗令朝臣討論劉彤之議，大家都覺得「鹽鐵之利甚益國用」，於是設立機構，「檢校海內鹽鐵之課」，不過這一專營政策只執行了十年左右，到開元十年，玄宗下令，除了蒲州鹽池之外，其餘鹽鐵產地「無須巡檢」，再度放還民間。

---

① 白壽彝、王毓銓：《說秦漢到明末官手工業和封建制度的關係》，《歷史研究》1954年第5期。
② 《論鹽鐵表》：「若能收山海厚利，奪豐餘之人，蠲調斂重徭，免窮苦之子，所謂損有餘而益不足。帝王之道，可不謂然乎。」

城市經濟的空前繁榮

　　錢穆嘗言，中國經濟的重心一直安放在鄉村，並不安放在都市。[①] 此論只合適明清，從西漢至宋元，中國經濟的重心一直安放在城市，其中尤以唐宋最爲強盛。

　　東西方在兩千多年的城市發展上走了兩條完全不同的道路，這也是比較研究中一個非常獨特的視角。歐洲在古希臘和西羅馬時期是城邦制，城市化率很高，在日耳曼人入侵後，大小城市遭到嚴重破壞，莊園制度成主流，城市化率持續下滑，到14世紀中葉以前，西歐有四個「巨型城市」，佛羅倫斯、米蘭、威尼斯和熱那亞，但沒有一個城市的人口超過10萬人。歐洲城市化率的重新提高，則與工業革命有關。而中國，從西周到宋元，一直處在城市化水準不斷提高的狀態中。根據趙岡的研究，戰國時的城市化率就達到了15.9%，西漢時爲17.5%，唐時爲20.8%，這一數據已與20世紀70年代末的中國相當。中華早期文明的發達與人口大量聚集於城市有關。到了唐朝，城市管理的水準又有了很大的提高。[②]

　① 錢穆：《中國歷代政治得失》，生活‧讀書‧新知三聯書店2001版，第65頁。
　② 趙岡：《中國城市發展史論集》，新星出版社2006年版，第89—90、84頁。

中國歷代城市化率列表

戰國（西元前4世紀）	15.9%
西漢（西元2世紀）	17.5%
唐（745年）	20.8%
南宋（1200年左右）	22.0%
清（1820年）	6.9%
清（1893年）	7.7%
民國（1949年）	10.6%
1957年	15.4%
1978年	18%
2011年	50.5%

（趙岡製表、吳曉波增補）

　　西漢時，首都長安的人口約為25萬人，到了唐朝，常住居民62.6萬人，如果加上駐軍、僧尼以及往來客商，其人口總數很可能已經超過100萬，其舊址面積約80多平方公里，大於明清時的北京城，是當時世界上的最大城市(到清末，西安人口只有11萬)。[①] 岑仲勉在《隋唐史》中贊曰：「全城坊市，棋羅星布，街衢寬直，制度弘偉，自古帝京，曾未之有。」從流傳至今的圖冊可見，宮城在北面，皇城在南面，全城南北中軸線兩側東西對稱。東半部設萬年縣，有東市，西半部設長安縣，有西市。

---

① 趙岡：《中國城市發展史論集》，新星出版社2006年版，第101—106頁。

　　《唐律》規定，所有的商品交易都必須在政府劃定的「令市」中進行，縣城之下不得有「草市」。這一方面便於管理，另一方面也促進了大中城市在商品交易中的聚集作用。長安城的商業交易中心爲東西兩市——後世的「東西」一詞由此而來。東西兩市的四面各開兩門，各有兩條東西街、兩條南北街，構成「井」字形街道，把市場分爲九個方塊。每方的四面都臨街，店鋪就設在各方的四圍，同行業的店鋪，集中在一個區域裏，稱之爲行。東市有二百二十行，西市更加繁榮，除了店鋪，還有平準局、衣肆、典當行等。

　　政府對兩市的交易活動進行嚴格的管制：遵循「日中而聚，日落而散」的古訓，中午時分，催鼓而聚，一到黃昏，擊鉦（一種與鐘形似的銅製樂器，可執柄敲擊）而散；商賈帶進兩市的所有物品，都先要經過市場管理機構（市司）的評定，分爲上、中、下三等，規定價格，然後方可出售。[1] 政府還特別對店鋪租金進行了規定，唐玄宗曾特別下令限定月租不得超過五百文。[2] 從這些規定中可見，長安城裏的商品交易，與其城市規畫一樣，完全在政府的控制、干預之下，是一種「有計畫的商品經濟」。

　　以長安爲起點，朝廷修築了七條驛道，通往帝國的各個城鄉，沿途每15公里設立一個驛站，全國共有1639處之多。這些驛站均在交通要

---

[1] 《唐六典》卷二十：「凡建標立候，陳肆辨物，以二物平市，以三賈均市。」
[2] 《全唐文》卷三十二，玄宗詔書：「自今已後，其所賃店鋪，每間月估不得過五百文。」

道，有長期性的建築及常駐的管理人員，在一片曠野之中，成了最好的地理標誌，於是，它們很自然地成為當地交易的最好場所。

首都長安還是國際貿易的中心。西元640年，唐軍攻滅西域的高昌國（今新疆吐魯番地區），重新打通了「絲綢之路」，從此，由長安向西，可自由橫穿整個歐亞大陸，直驅地中海東岸的安都奧克，全長約7100公里。正是通過這條漫長的貿易走廊，東西方文明進行了一次大溝通，中國的絲綢、瓷器源源不斷地販銷到歐洲市場。當時，羅馬城裏的多斯克斯地區有專售中國絲綢的市場，其價值約與黃金等重，造紙術也在這一時期傳入中東地區。而西方的動植物和新技術也傳入中土。《唐六典》記載，唐王朝與300多個國家和地區發生過交往，每年都有大批外國客人來到長安。唐王朝設有專門機構（鴻臚寺、禮賓院）負責接待外賓。西方的安息（波斯）、大秦（羅馬）、大食（阿拉伯帝國）等大小國家不斷派遣使者前來長安，很多波斯人世代留居長安，他們大多住在西市，幾乎壟斷了珠寶行業，長安城裏有專門的波斯邸（專供波斯人居住或存放貨物之處）、波斯酒店等。

除了長安，其他城市的工商景象同樣十分繁榮。東都洛陽的城市規模僅次於長安，人口也超過了50萬。在南方，最繁華的城市是揚州、成都、蘇州和杭州，長江中游則是益州（今四川成都），時稱「揚一益二」。杜甫有詩說「城中十萬戶」，益州市井之盛僅次於揚州。

盛唐氣象就是這樣被營造出來的。前所未見的輕稅簡政，促進了工商業和地方經濟的繁榮，國家的統一更為商品流通提供了廣闊的市場空間。商人在國境之內經商，數十里便有酒肆客棧，每個店鋪均備有代足的驢子，行走千里而不需持寸鐵自衛，這當然是空前的太平盛世。

劉晏變法：專營制度的歸來

西元755年，鎮守北方的安祿山和史思明發動叛亂，一手終結盛唐，史稱「安史之亂」。

從制度的層面來分析，此亂的發生正是分權過度的結果。唐玄宗在位期間，十餘年不換將官，而且各路節度使盡用胡人，安祿山兼統三道節度使，擁有天下三分之一的兵權，致使其胸懷異志。更可怕的是，節度使除了領兵之外，還兼理民政與財政，儼然一方諸侯。從經濟上看，一百多年以來人口增長迅猛，土地兼併景象重現，中央政權的輕賦簡政造就民間繁榮，卻也暴露出大一統體制的不足之處——因管制乏力而導致「幹弱枝強」。這一景象竟又是「文景之治」晚期的翻版。

「安史之亂」給國家帶來了毀滅性的災難，「數百里州縣，皆為廢墟」，「數年間，天下戶口什亡八九」。[1] 叛亂被平息後，盛唐精氣已被消耗殆盡。司馬光在《資治通鑑》中描述當時的景象是：「地方割據勢力陡然坐大，中央財政收入銳減，邊境之外的少數民族頻頻挑起戰端，朝廷無力支付軍備消耗，只好把壓力都留給地方，一切都變得捉襟見肘。」[2] 對於大一統的帝國來說，再沒有比這更糟糕的情

---

[1] 《唐會要》卷八十四：「（天寶）十三載，計戶九百六萬九千一百五十四。……乾元三年，計戶一百九十三萬一千一百四十五。」

[2] 《資治通鑑》卷第二百二十六：「州縣多為藩鎮所據，貢賦不入，朝廷府庫耗竭，中國多故，戎狄每歲犯邊，所在宿重兵，仰給縣官，所費不貲。」

況了。

正是在這樣的背景下，中唐之後，各項專營政策重新一一推出。

「安史之亂」時期，朝廷急著用錢，想出來的第一個辦法就是仿效漢武帝的「算緡令」，向富商徵收財產稅。肅宗登基後，即派人到財富聚集的江淮、蜀漢地區向富商大族按資產徵稅，「十分收二」，也就是20%的稅率，稱為「率貸」，各道節度使、觀察使也多向商人徵稅以充軍用，或在交通要道及交易之處計錢收稅，從此「商旅無利，多失業矣」，盛唐以來「天下關隘無一徵稅」、「行千里不持尺兵」的景象不復出現。

除了這種極端做法之外，恢復國有專營政策是另一個便捷的方式。西元758年（唐肅宗乾元元年），朝廷重新設立了鹽鐵鑄錢使這一職務，對全國鹽業進行專營管制──「盡榷天下鹽」。

專營的制度發生過改變。初期，政策與漢武帝時期的辦法基本相同，政府在產鹽區設置鹽院，規定民間的產鹽戶（「亭戶」）所產食鹽一律賣予鹽院，否則以盜賣罪論。其令一出，鹽價頓時上漲十倍，鹽價騰漲又造成糧食價格上揚，民間出現民眾餓死的現象。[1] 後來，主管全國財政的劉晏對其進行了部分修正。首先，他把統購統銷政策改為「民產─官收─商銷」，這個辦法大大減少了鹽政機構的人員和行政成本。其次，他在全國十三個重要產鹽區設立巡院，

---

[1] 《舊唐書·第五琦傳》：「穀價騰貴，餓殣死亡，枕藉道路。」

一方面打擊私鹽，另一方面則保護獲得政策牌照的鹽商的利益。其三，他制定了「常平鹽」制度，以保證非產鹽地區的鹽價和食鹽供應，防止投機商人囤鹽牟利。與之前的政策相比，劉晏的鹽法是一個效率更高、更注重利益分配的官商合營模式。這些措施果然立竿見影，食鹽專賣收入逐年增加，十多年增長了十五倍，以至於占到了全國財政收入的一半。[1] 這也是財政史上，鹽稅占國庫收入最大比重的時期之一。

劉晏是一位桑弘羊式的理財大師，他前後主管天下財政長達二十多年，是有唐一代任職時間最長的財政長官。除了官營鹽業，劉晏還對全國的重要商品產銷進行管制，把桑弘羊的平準、均輸制度重新搬了出來。他在各地建立常平倉，相當於倉儲和物流中心，設置了知院官，隨時瞭解各種商品的價格動向，然後「賤增貴賣」，以獲其利。據《舊唐書・劉晏傳》記載，「他全面掌握了商品的供銷動向，政府獲得了重大的利益，而市場波動則得到了平抑，這是真正高明的治理之術。」[2] 中唐在「安史之亂」以後，沒有陷入更大的亂境，與劉晏以果斷的專營政策迅速改善了中央財政狀況有很大關係，因此，史家對劉晏授予了一個桑弘羊式的評價：「斂不及民而用度足。」[3]

---

[1] 《新唐書・食貨志》：「晏之始至也，鹽利歲才四十萬緡，至大歷末，六百餘萬緡。天下之賦，鹽利居半。」

[2] 《舊唐書・劉晏傳》：「故食貨之重輕，盡權在掌握，朝廷獲美利而天下無甚貴甚賤之憂，得其術矣。」

[3] 《新唐書・劉晏傳》：「劉晏因平準法，榦山海，排商賈，制萬物低昂，常操天下贏貲，以佐軍興。雖拿兵數十年，斂不及民而用度足。唐中償而振，晏有勞焉。」

在財政狀況稍有改善之後，中央政府試圖「削藩」。西元781年，年壯氣盛的德宗親自在長安設宴犒勞征討的兵馬，打響了武力削藩的戰役。各地節度使聯合犯上對抗朝廷，中央軍屢戰不勝，甚至在兩年後被攻破長安。德宗被迫出走，還下《罪己詔》，聲明「朕實不君」，赦免了那些叛亂的藩鎮，承諾今後「一切待之如初」。從此，地方割據之勢再無改觀，中央對鹽、鐵、酒等資源的專營權被迫讓渡於地方，人財物三權盡失。據《新唐書·地理志》中的統計，中晚唐時期全國共分15道，計316州，唐皇室能夠實際控制的只有六分之一左右。

當政治集權喪失之後，中央財政就變成了「討飯財政」，最後淪落到靠賣官和地方諸侯賄賂才能維持的地步。《冊府元龜·將帥部·貪黷》記載，當時有個叫李泳的長安商人發財之後賄賂中央，竟然當上河陽節度使，成了一方諸侯——「賄賂交通，遂至方鎮」。《太平廣記·郭使君》也記載，一個目不識丁的富豪靠行賄當上了橫州刺史。 ①

所謂「向地方諸侯索賄」，就是「羨餘制度」。「羨餘」的意思是「地方政府收支相抵後的財政剩餘」，其實就是在正常的財政上繳之外，節度使們對皇帝的特別進貢。《新唐書·食貨志》記載，各路節度使，或新列稅捐，或截取戶部錢財，把所得的五分之

---

① 《太平廣記·郭使君》：「是時唐季，朝政多邪。生乃輸數百萬於鬻爵者門，以白丁易得橫州刺史。」

一或十分之三進獻給皇帝個人，美其名曰「羨餘」，其實就是公開行賄。宋代學者歐陽修對此評論說：「連天子都要幹受賄的事情，那麼，老百姓就更加不堪了。」①

有唐一代，終於沒有能夠解決軍閥割據的問題。唐亡以後是五代十國，五十多年裏冒出來十多個國家，中原逐鹿，天下愁苦。

民間工商資本的五條出路

到了中唐之後，經濟治理重現了兩個周期性的大毛病：第一是土地的需求非常之大，土地兼併不可遏制，成爲貧富差距拉大的「變壓器」；第二是中央乃至地方財政對資源管制的依賴度越來越高，終而造成對民間資本的壓抑和剝奪，經濟活力漸趨衰竭。兩者相加，如果再遇上饑荒洪澇，就會引發財政總破產前提下的社會大動盪。

相對於國營資本和官僚資本的強勢霸道，民間資本的流動也出現了日漸惡化的趨勢。劉玉峰在《唐代工商業形態論稿》中具體陳述了中唐之後民間工商資本的五條出路：

其一，奢侈消費。 揮霍於衣食住行等日常生活，許多富商大賈衣必文采，食必粱肉，奢靡無度，表現出窮奢極侈的突出特點。晚

① 《新五代史・郭廷魯傳》：「益自天子皆以賄賂爲事矣，則爲其民者其何以堪之哉！」

唐時期，許多商人「恣其乘騎，雕鞍銀鐙，裝飾煥爛，從以童騎，聘以康莊」。

其二，交通權貴。以錢鋪路，鑽營為官。許多富商大賈「高貲比封君，奇貨通幸卿」，積極謀取政治利益。元稹在長詩《估客樂》中描述富商大賈們竭力經營官場：「經遊天下遍，卻到長安城。城中東西市，聞客次第迎。迎客兼說客，多財為勢傾。客心本明黠，聞語心已驚。先問十常侍，次求百公卿。侯家與主第，點綴無不精。歸來始安坐，富與王者勍。」到唐末懿宗時，用錢買官已是司空見慣。

其三，購買土地。與漢代相似，靠工商致富的唐代富商大賈將大量資金用於購買土地，進行土地積聚，仍走著「以末匯財，用本守之」的傳統路子。代宗年間，大臣李翱在一道策問中說，在三十年裏，天下田畝被豪商兼併了三分之一。到懿宗朝，已是「富者有連阡之田，貧者無立錐之地」。土地兼併愈演愈烈，使得社會財富的分配極端不平衡。

其四，放高利貸。從唐太宗搞「公廨錢」之後，政府參與高利貸活動，私營高利貸也一直十分猖獗，富商大賈與貴族官僚紛紛以此謀求暴利，晚唐之後趨於劇烈。武宗在一則敕詔中指出，「如聞朝列衣冠，或代承華胄，或在清途，私置質庫樓店，與人爭利」。懿宗在即位赦文中也指出，「京城內富饒之徒，不守公法，厚利放債，損陷饑貧」。

其五，囤積錢幣。「安史之亂」後，富人的財富安全感越來越差，於是將大量錢幣財富貯藏起來，造成社會貨幣流通的嚴重不

足，朝廷多次下達「禁蓄錢令」，卻成效不大。德宗時的陸贄就算過一筆帳：過去一匹絹，可以換銅錢3200文，而現在一匹只能換1600文，絹貶值了一倍，這不是因為稅賦增加了，而是因為銅錢被囤積了起來。[①] 這種「錢重物輕」的現象，妨礙了商品經濟的順利發展。[②]

從劉玉峰列出的上述五條出路可見，工商業利潤基本上沒有向產業資本轉化，不存在積累放大的社會機制，而是進入了消費市場、土地和高利貸領域，其影響當然是負面的。若我們放眼於整部經濟史，甚至可以看到，中晚唐民間資本的這五條出路幾乎是高壓下的民間資本的共同出路。因此，若在某一時期，出現奢侈品消費劇增、文物價格上漲以及土地房產購買熱潮，並不代表經濟的復甦，而更可能是資本從實業溢出的惡兆。

[①] 《陸宣公集》：「往者納絹一匹，當錢三千二三百文，今者納絹一匹，當錢一千五六百文，往輸其一者，今過於二矣。雖官非增賦，而私已倍輸。」

[②] 劉玉峰：《唐代工商業形態論稿》，齊魯書社2002年版，第259—270頁。

王安石變法：
最後的整體配套改革

第六講

王安石變法：
最後的整體配套改革

　　在經濟史，乃至整部國史上，王安石變法都是一個轉捩點，在變法之前是一個中國，變法以後是另外一個中國。這場變法持續到第57年，北宋就滅亡了。變法之前的中國，是一個充滿自信的國家，是一個開放的國家，是一個敢於攻擊別人的國家。變法以後的中國，就變成了一個謹小慎微的國家，一個更願意閉關鎖國的國家，甚至國民性都發生了很大的變化。

　　我們需將這場變法與宋政權的很多制度聯繫起來思考。這個朝代有300年長，比之前的唐以及之後的明清都要久。但是在史界，對它的評價十分兩極化，有的人認為這個朝代是最沒有用的朝代，打仗從來打不過人家，天天偏安在那裏苟安殘喘，在制度建設上面也沒什麼成就。錢穆說：「漢唐宋明清五個朝代裏，宋是最貧最弱的一環。專從政治制度上看來，也是最沒有建樹的一環。」[①] 不過也有人從另外的角度給予評價，陳寅恪說：「華夏民族之文化，歷

---

① 錢穆：《中國歷代政治得失》，讀書　生活　新知三聯書店2001年版，第74頁。

數千載之演進，造極於趙宋之世。」① 就是兩千多年的中華文化，宋代是爲巔峰時期。王國維的說法也跟他差不多。②

李約瑟總結中國古代「四大發明」，除了造紙術以外，其他三項都蒂熟於宋。宋代的工商業非常發達，經濟和企業制度方面的創新也很多，中國最早的股份制公司出現在宋代，最早的一批職業經理人出現在宋代，最早的期貨貿易出現在宋代，紙幣的發行也出現在宋代。宋代的鋼鐵產量相當於600年後工業革命時期英國的鋼鐵產量。宋眞宗時期，中國人口第一次超過了一個億，成了全球最大的、以內需爲主的統一市場。

「杯酒釋兵權」的政策利弊

宋政權能長過唐，綿延三百年，與治國者的很多治理思想有關，其中值得一說的是「杯酒釋兵權」。以唐太宗的雄才大略，解決了世族門閥問題，卻留下軍閥割據的隱患，宋太祖趙匡胤將這個難題從制度上刨除了。

趙匡胤的辦法就是收繳軍權，他借著一場酒席把兵權統統收繳到了中央，由「兵在藩鎮」改爲中央養兵。在中央與地方的集權—分權制度安排上，這是一個極大的創新。

---

① 陳寅恪：《鄧廣銘宋史職官志考證序》，《金明館叢稿二編》，讀書·生活·新知三聯書店2001年版，第277頁。
② 王國維：《宋代之金石學》。

　　歷代政權一直在探索權力分配的方式，商鞅的郡縣制度解決了人事權，中國就此告別了分封制，進入了一個中央集權時代。但是從秦漢、魏晉南北朝到唐，地方割據勢力對中央的威脅從來沒有消失過，唐朝最嚴重的是「安史之亂」，此亂之後，中央就一直對割據無能為力。唐亡以後是五代十國，五十多年裏冒出來十多個國家，群雄逐鹿，天下愁苦。到960年，趙匡胤終於用「杯酒釋兵權」的辦法解決了這個大難題。

　　此後，地方藩鎮從此再沒有力量挑戰中央。有宋一代三百年，沒有發生過一起地方政府造反的事件，明朝兩百多年也沒有發生過，清朝只在康熙年間有過吳三桂事件，但其發生不是出於制度性的原因。也就是說，從960年一直到1860年前後，將近有整整九百年的時間，中國再也沒有發生地方挑戰中央的事件。所以，四大制度的第一個制度從此被定型，這在政治上徹底保證了中央集權的穩定性。1860年之後，藩鎮勢力再起，則與鎮壓太平天國有關，八旗、綠營等中央軍乏力，湘軍、淮軍等地方武裝迅速壯大，並有了厘金制度，地方有兵有錢，中央的麻煩就又來了。

　　然而，兵權收上來之後，旁生出另外一個大問題，那就是中央從此要養兵。宋朝養兵140萬，是歷代養兵最多的（清朝養了80萬兵，其中八旗20萬，綠營60萬）。這140萬兵，有80萬禁軍佈防在首都汴梁（今河南開封）附近，《水滸傳》裏有一個「豹子頭」林沖，他上梁山前是「八十萬禁軍教頭」，這80萬是個實數，不是虛數。在北方邊境有60萬廂軍。這140萬個精壯漢子，加上馬匹糧草，基本上就把中央財政給吃了個大半。所以，朱熹就說：「自本朝罷了

123

藩鎮，州郡之財已多歸於上。……財用不足，皆起於養兵。十分、八分是養兵，其他用度，止在二分之中。」① 即財政收入的百分之八十用在了軍費開支上。

自宋至明清乃至民國，軍費支出不堪重負一直是治國者最頭痛的事情，是爲「兵政之患」。在當代，「兵政之患」似乎不太嚴重了，可是公務員卻越來越多，於是就有了「吏政之患」，這些都是大一統制度與生俱來的遺傳病。

寬鬆與禁榷並舉

正因爲有了這樣的政治制度安排，宋政權在經濟制度上出現了戲劇化的兩面性。

一方面，趙宋一朝對民間非常寬鬆，趙匡胤甚至是一個寬鬆到了沒有原則的人。唐朝不允許在縣以下建立集市，宋代第一次從政策上取消了這一限制，日後中國的集市模式是宋以後定型的。宋朝的工商稅金很低，而且稅種很清晰，在所有的城門，都貼有一張榜單，告訴百姓政府收什麼稅，稅率是多少。宋代的大理學家程伊川曾總結「本朝超越古今者五事」：一是「百年無內亂」，也就是一百多年裏沒有發生地方造反的事情；二是「四聖百年」，開國之後的四位皇帝都比較開明；三是「受命之日，市不易肆」，改朝換

---

① 語出《朱子語類·論兵》。

代的時候兵不血刃，沒有驚擾民間；四是「百年未嘗誅殺大臣」，一百多年裏沒有誅殺過一位大臣；五是「至誠以待夷狄」，對周邊蠻族採取懷柔政策。這五件事情或有誇張的地方，但離事實不遠，特別是第一條和第四條最為難得，由此可見，宋代確實是別開生面。有宋一代能夠長達三百年，跟它的溫和執政大有干係，對內平和，對外也平和。

但同時，宋代的國有專營制度比漢代和唐代更為嚴酷，它專營的領域更廣，懲罰的制度更嚴格。從現有資料看，宋代國有專營的種類之多，範圍之廣，資本金額之大，都是超越前代的，凡是主要商品，幾乎全在國有專營之列，包括茶、鹽、酒、醋、礬以及外貿所得的香藥、象牙，等等。這些商品都有三個鮮明的共同特點——資源性、必需性和暴利性。政府對違法進入禁榷領域的民間資本採取了十分殘酷的政策。趙匡胤一方面大幅度地減稅輕賦，同時則發佈法令，商人私自販運礬超過一兩、私自銷售礬超過三斤者，處死；煮鹼達到三斤者，處死；私自釀造酒麴達15斤者，處死；販運私酒運進城達三斗者，處死；私自販鹽十斤者，處死。對於茶稅，則規定每一貫錢都要上繳給中央——「茶利自一錢以上皆歸京師」。

在控制了關鍵性產業之後，政府允許民間經營的商品包括針線、服裝、肉食、兒童玩具等，這些商品也有三個鮮明的共同特點——經營分散、不易管制、利潤微薄。也就是說，國有資本與民間資本在產業上形成「楚河漢界」的景象，國有企業集團聚集在少數上游產業，並逐漸形成了寡頭壟斷的地位，其數量在逐漸減少，

但是贏利能力則迅猛增加。這種格局到宋代就完全地形成了，並作為一個傳統，頑強地衍續到了今天。

正因如此，宋朝經濟就出現了很奇特的現象：民間生產和貿易空前發達，但自由商人都活躍在產業的中游和下游，且財富規模都不大。寫過《兩宋財政史》的汪聖鐸曾遍查史籍，想要找出幾位有名有姓的大商人，可是一位也找不到，能找到的幾個人，要麼是貪官，要麼寥寥記錄，要麼有名無姓。

士紳經濟的定型

宋政權在經濟制度安排上，還有幾個與前朝代不同的政策：一是公開允許官員經商，二是不抑制土地兼併，三是對壟斷資源進行授權經營。

在歷代開國皇帝中，唯一公開放縱乃至鼓勵官員經商的，是宋太祖趙匡胤。他最重要的謀臣、號稱「半部《論語》治天下」的宰相趙普，就靠經商大發其財，他在京師及主要城市廣設邸店，有人多次告他的御狀，趙匡胤總是一笑置之。[1] 對於官員經商，趙匡胤放得最寬的竟然是帶軍的將領，史書上說，宋太祖拉攏和控制各路高級將領的辦法，就是讓他們靠經商來發財。[2] 到南宋，那些帶兵

---

[1] 《宋會要‧職官》：「普……廣營邸店以規利，太祖知其事，每優容之。」
[2] 《任將》：「太祖之置將也……富之以財……」

的將帥打仗不行，其經商規模之大及生活之豪奢，卻超越前代。名將張俊私營海外貿易、開設酒肆及經營田地成一時巨富，每年收入的田租就達六十四萬斛。另外一位名將劉光世更善理財，曾經動用八千士兵從事自己的販運事業，還非常得意地自詡爲「當代陶朱公」。

全漢升對宋代經濟史有深厚研究，在《宋代官吏之私營商業》這篇論文中，他用大量史料證明，宋代官員利用國有專營制度，以公爲名，行私之實，蔚然成風。他還總結出了官員經商的六個「特異的地方」，包括：以公款作資本，以公物作商品或商品原料，以官船販運，利用公家的勞動力，借勢賤買貴賣或加以壟斷、逃稅。這六點當然是古往今來所有權貴經濟共同的「特異的地方」。①

據胡寄窗的考據，宋代是一個「不抑兼併」的王朝，對土地兼併採取了放縱的政策，因此，權貴家族——所謂「官品形勢之家」——佔據了天下一半的土地，一個郡縣之中，五到六成的土地及財富集中在少數官宦家族手中。②

如果說官員經商是一次體制內的權貴狂歡，那麼，政府對民間商人的「授權經營」則是官商經濟的另外一翼。

在國有專營體制方面，歷代進行了不同模式的試驗。管仲的專營方案是控制資源（鹽田和山林），允許民眾生產，然後三七分利；

---

① 全漢升：《中國經濟史研究》，稻鄉出版社1990年版，第459—463頁。
② 胡寄窗：《中國經濟思想史（下冊）》，上海財經大學出版社1998年版，第3頁。

桑弘羊則成立國營企業加以壟斷經營；劉晏的做法是國家控制資源，以定向授權的方式向民間開放。到了宋代，則在牌照制度上又有了創新，在當時有兩種模式，一曰「買撲」，一曰「鈔引」。

「買撲」類似後世的招標承包制，從字面上看，「買」即為買賣，「撲」即為競爭。政府拿出一塊資源，向民間公開招標，價高者得之。招標辦法有很多種，最普遍的是「實封投狀法」，也就是現在的暗標制。

「鈔引」類似於後世的特許經營制，主要出現在暴利性的鹽業，它是對劉晏鹽政的進一步完善，簡而言之，就是商人先向官府繳納一定數量的錢物換取憑證——時稱「交引」、「鹽鈔」，拿憑證到指定機構支取食鹽，再到指定地點銷售。因為食鹽是農業社會最重要的民生必需品，獲得經營權的商人就如同得到了一筆財富，所以，「鹽鈔」成了一種硬通貨——以鹽為本位的「類貨幣」，在當時就出現了以買賣「鹽鈔」為主的各類交易市場——專業商鋪、交引鋪和買鈔場。後世把貨幣稱為「鈔票」，始自於此。

「買撲」和「鈔引」的誕生，是工商經濟發展的一個制度性進步，它使得政府在獲得壟斷性利潤的前提下，開放流通和開採領域，啟動了市場的能量，宋代民間工商業的繁榮與此大有干係。

不過同時，它又是一種十分典型的官商經濟，處在被授權地位的民間商人集團徹底喪失了對重要產業的控制權，國有資本在關係到國計民生的支柱性產業中牢牢地掌握了資源權、定價權和分配權，姜錫東曾評價道：鈔引制度之下的鹽商很不自由，「宋朝官府仍然程度不同地介入和控制其批發、運輸、銷售諸環節」，從而使

鹽商的贏利活動和贏利比率大受限制。[1] 更為關鍵的是，這種定向授權的方式營造出了一個巨大的尋租空間，眾多學者的研究表明，那些能夠獲得「買撲」和「鈔引」的商人大多與官府權貴有千絲萬縷的關係，有很多甚至就是官員的直系親眷或屬下，這就是所謂的權貴經濟模式。

由以上敘述，我們可以得到兩個重要的結論：其一，宋代的經濟制度創新是前朝所未見的，宏觀經濟、產業經濟乃至企業制度方面都出現了重大演進，大一統中央集權制度下的工商制度建設，在宋代已經基本定型。其二，宋代的官商經濟模式已經實現了「標本化」，其後一千年，無非是這一「標本」的極端化和惡劣化。中國的經濟形態，由先秦到漢初是貴族經濟，演進到東漢至魏晉南北朝，成為了世族經濟，進入隋唐之後，日漸呈現出「士商合流」的趨勢，到宋代，終於定型為士紳經濟，歷一千年左右的演進，其後再無進步。這三種經濟形態從本質上來說，都是官商經濟。

千年第二回的「延和殿廷辯」

講述至此，大家就知曉宋代的治理邏輯了：中央要防止地方作亂，就需控制兵權，要控制兵權就要養兵，要養兵就要增加財政收入，要增收就要壯大國有專營事業，壯大了國有事業，民間經濟就

---

① 姜錫東：《宋代商人和商業資本》，中華書局2002年版，第156頁。

勢必受到擠壓，同時造成權貴經濟的氾濫。在大一統的治理模式之下，這似乎是一個無法打開的閉環邏輯。

所以宋代開國一百年以後，毛病就出現了。第一個是貧富差距拉得很大，窮人很窮，富人很富；第二個是土地兼併，全國一半以上的土地掌握在少數家族手上。而財政收入跟不上政府支出的增長，捉襟見肘，於是就要改革。

搞改革的皇帝是宋神宗，登基時20歲，很年輕。中國歷代搞激進式大改革的皇帝大多是年輕人，比如秦孝公、漢武帝、唐德宗、宋神宗，還有之後的清光緒帝。年輕人血氣方剛，敢於大破大立。宋神宗找的操盤人就是王安石。

王安石在當時並不是主流人物。中央有很多大儒，年高權重，暮氣沉沉，都是既得利益者，朝廷又「百年未嘗誅殺大臣」，故而驕縱得很。宋神宗要打破格局，就要找一個另類、有勇氣、願意擔當、敢於打破所有陋習的人，破壞所有的既得利益。王安石正是這樣的人選，他常年在地方工作，個性驕傲，膽子很大，他對宋神宗講過一句膽大包天的話：「天變不足畏，祖宗不足法，人言不足恤。」這與商鞅的那句「治世不一道，便國不法古」頗可以前後呼應。

宋神宗登基是在1068年，第二年就開始變法了。當時，在中央政府內部發生了一次重大的政策辯論，具體的地點就在首都汴梁的延和殿。中國是「國有企業的故鄉」，可是關於這一制度的利弊、國家到底應該在國民經濟中扮演什麼角色，這種制度性的思辨，在決策層面卻很少進行。之前，在西元前81年有過一場鹽鐵會議，桑弘羊與眾賢良臉紅耳赤地大辯論過一次，一千多年後，延和殿是第

二次，再下一次辯論將發生在遙遠的1945年。也就是說，「千年辯一回」。

歷史上把這次辯論稱爲「延和殿廷辯」，爭論的雙方是王安石和司馬光——當時國內知名度最高的兩位知識份子和政治家。辯題是：工商經濟那麼發達，可是國家卻很弱，在朝廷，中央財政是「討飯財政」，在民間，貧富差距那麼大，土地兼併很嚴重，怎麼辦。

兩個人的辦法，簡而言之，一個是開源，一個是節流。

王安石認爲，中央一定要把經濟權力收起來，學習商鞅，學習漢武帝，學習劉晏，進行高度集權的國家主義改革。司馬光認爲，要治理國家其實很簡單，只要中央財政節儉一點，然後以農爲本、藏富於民，天下就會太平，這是經典儒家的觀點。兩個人在延和殿吵得不可開交。王安石嘲笑司馬光等人不懂爲國理財。司馬光說：「我不認爲把天下的財富聚集到政府的口袋裏是件好事情，你的這種辦法是要禍害老百姓的。」王安石說：「不會啊，我這個辦法叫作『民不益賦而國用饒』。」

司馬光聽到這裏當場就跟他翻臉，他說：「這話是桑弘羊講的，桑弘羊就拿了這句話去欺騙漢武帝，所以導致武帝晚期盜賊並起，被迫下《罪己詔》，國家差點滅亡。」[①] 在司馬光看來，天下

---

① 《司馬文正公文集‧邇英奏對》：「此乃桑弘羊欺漢武帝之言，司馬遷書之以譏武帝之不明耳。天地所生貨財百物，止有此數，不在民間，則在公家，桑弘羊能致國用之饒，不取於民，將爲取之？果如其言，武帝末年安得群盜蜂起，遣繡衣使者逐捕之乎？非民疲極而爲盜耶？此言豈可據以爲實！」

財富是有一個定量的，不在民間就在政府，兩者存在內在的爭利關係。他的這個觀察，在經濟思想史上很重要，其實到今天，還是有爭議的。在1068年，王安石與司馬光之辯止於此，沒有再深入下去，其實由此展開去，可以對中國的國有經濟制度和財政模式進行真正意義上的辯論。

年輕的宋神宗夾在兩個大思想家之間搖擺不定，一會兒覺得王安石講得很在理，一會兒又認為司馬光是對的。不過，六個月後，他還是選擇了王安石，任命他為參知政事，相當於副宰相，實施大變法。

最後一次整體配套體制改革

王安石搞的這場變法氣魄很大，格局空前，是一次涉及政府機構、產業、財政、物價及流通的整體配套體制改革，在某種意義上，也是帝制時期的最後一次整體配套體制改革。

他的第一項改革是對經濟權力的重組。在中央六部中，經濟權力集中於戶部，戶部有三司，戶部司管財政收入，度支司管行政支出，鹽鐵司管國有專營事業。王安石打破原有分工，把三司權力集中起來，成立制置三司條例司。這相當於另立了一個小「國務院」，20世紀80年代搞改革開放，有過一個經濟體制改革委員會，簡稱「體改委」，沿用這一思路。

王安石頒佈的法令，大大小小有十餘條，分別是均輸法、市易法、青苗法、農田水利法、免役法、方田均稅法等。其中最重要的

是前三條。

均輸這兩個字來自於桑弘羊，就是國家成立物資部和物價委員會，管制重要生產資料的產銷。這個法令推行後，國家就全面壟斷了重要資源的生產和銷售，一改實行多年的「買撲」、「鈔引」等通商制度，朝廷專設發運使一職，財政撥劃專項採購周轉資金，統購統銷，國營專賣；市易法是對城市商品零售的國家壟斷，政府在各地設立市易司，由政府撥出本錢，負責平價購買「滯銷商品」，到市場缺貨時出售，商品價格由市易司劃定；青苗法則是農業領域的變革，在每年夏秋兩收前，農戶可到當地官府借貸現錢或糧穀，以補助耕作。每筆貸款的利息為20%，一年可貸兩次。這三大政策，前兩者是「桑弘羊版本」的復活，青苗法是王安石的獨創。①跟所有的計畫經濟大師一樣，「王安石變法」的初衷其實就是兩個：第一，盡可能多地增加財政收入；第二，打擊富豪，縮小貧富差距。而其結果也是同樣的兩個：前者的目標在短期內會迅速地實現，長遠看卻註定失敗；後者的目標則從來不會實現。

具體來說，變法實施之後，國庫果然為之一飽，僅市易司獲得的收入就相當於全年夏秋兩稅總收入的三成，政府因青苗法而得到的利息也十分驚人，因為徵繳上來的錢糧綢帛實在太多了，以至於不得不新建52個大倉庫。

---

① 青苗法起源於唐朝中後葉，王安石在當鄞縣知縣時予以試驗，取得奇效，實施變法時便將之在全國範圍內推行。

可是很快，弊端就呈現出來。

均輸法讓發運使衙門成了一個權力空前膨脹的「政府型公司」，它到處與民爭利，官方的採購價格與市場波動背道而馳，要麼大大低於市場價格幾近搶劫，要麼大大高於市場價格收受回扣，發運使把大米運到一些缺糧地區，銷售價格比之前上漲一倍，正常的市場運行被完全地打亂了。宋朝官員本來就樂於經商，均輸法正好給了他們一個中飽私囊的好機會。

市易法「盡收天下之貨」，讓政府成了最大的商店、銀行和物流中心，它的經營範圍越來越廣，連水果、芝麻都被壟斷了起來，城市商業秩序被徹底破壞。宋代學者鄭俠在《西塘集》中記載道，自從實行了市易法之後，商人們都不肯到汴梁來做生意，大家繞開都城而行，因為只要一進城門，貨物就可能被全數押送到市易司。後來，這些情況被反映到宋神宗那裏，連皇帝本人也覺得太過分了，有一次，他對王安石說：「市易司連水果都要壟斷起來銷售，實在太瑣碎了，能不能把這一條給罷廢了？」王安石說：「制定法律的關鍵是，是否有害於人民，不應該因為它的瑣碎就罷廢了。」①

對普通農戶來說，傷害最大的當然是青苗法，此法的本意是國家拿出一定的款項在地方上放債，以免窮人受富人高利貸的剝削。可是一到執行階段，就完全地變味了。各級官員把陳舊的黴糧放給

---

① 《宋史‧食貨志》：「後帝復言：『市易鬻果太煩碎，罷之如何？』安石謂：『立法當論有害於人與否，不當以煩碎廢也。』」

農戶，收回的卻必須是新糧，放的時候斤兩不足，收的時候卻故意壓秤，一來一回，實際利息竟比向富人借貸還要高。中央爲了把錢放出去，就下達貸款指標，地方官只好搞攤派，民間苦不堪言，如果發生水災旱災，地方政府爲了收回本息，就到處抓人，農民只好賣地賣兒女。

種種新政的實施，讓寬鬆的經濟環境不復存在，自由工商業者遭到毀滅性的打擊，民國學者王孝通在《中國商業史》中一言以蔽之——自王安石變法之後，「商業早入於衰頹之境矣」。[①]

王安石還聽不得不同的意見，不過他比商鞅好一些，後者殺人殺得河流變色，王安石只是把反對變法的人全部趕出京城。司馬光就被趕到了洛陽，他在那裏住了十五年，寫了一本《資治通鑒》。當時輿論很開放，大臣都很放肆，司馬光寫書寫累了，就寫公開信《與王介甫書》罵王安石，王安石看到以後，馬上寫《答司馬諫議書》，如禮回送。當時朝中執政大臣有五位，大家把這五個人叫做「生老病死苦」，除了王安石是「生」的，其餘四個人都沒啥用。王安石還親自擬定科舉考題，把變法思想摻進去，最誇張的是，他還把自己的像搬進孔廟，給孔夫子做「陪祀」。

由此種種可見，王安石實在是一個非常強悍的集權主義者。變法搞了17年，到1085年，神宗駕崩，哲宗繼位，皇太后和哲宗都很反感王安石，就盡廢新法，重新啓用司馬光。

① 王孝通：《中國商業史》，上海書店1984年版，第137頁。

司馬先生回來後幹了一件很有趣的事，他任命了一個叫李公擇的人當戶部尚書，李公擇是研究小學的，對財政知識一竅不通，這好比從北京大學考古系找了個教授來當財政部長，於是朝野譁然。司馬光解釋說：「我就是要用這樣的辦法來告訴大家，中央的政策變化了。」① 由這個細節可以看出，儒家在經濟治理上是多麼無能，經典儒家從孔孟以來，在理財上一直找不到辦法，翻來覆去說的都是「以農為本、輕徭薄賦、仁義治國」。儒家反法，反得很猛烈，甚至不惜以性命相搏，可是，一旦掌握了權力，卻又提不出新穎的建設性方案，這就是中國歷代經濟治理的一個重大衝突點：儒家「君君臣臣」的思想在政治上對中央集權制度形成了支柱性的作用，可是在經濟思想體系上卻無法匹配。

哲宗登基一年後，王安石就鬱鬱而終了，四個月後，司馬光隨他而去。反對變法的人拿不出治理經濟的任何方案，到了哲宗九年，朝廷重新啟用以蔡卞、蔡京為首的王黨。蔡卞正是王安石的女婿。

蔡京是國史上出了名的貪官和奸臣，他把王安石的國家主義推到了極致，並毫無懸念地轉型為權貴經濟。在這個世界上，人性的貪婪都是需要制度基礎的，好的制度會遏制人的惡，反之則會催化和放大之。在這個意義上，比人的貪婪更可怕的是制度的貪婪。大

---

① 《晁氏客語》：「司馬溫公作相，以李公擇為戶部。公擇文士，少吏才，人多訝之。公曰：『方天下意朝廷急於利，舉此人為戶部，使天下知朝廷之意，且息貪吏望風掊刻之心也。』」

清官王安石創造了一個貪婪的集權制度，他的後繼者就會把這種貪
婪和集權推向極致，並必然地產生異化，這是一條「慣性之路」。

蔡京就做了很多極端化的事，他將鹽、茶兩業完全地實施國家
壟斷，不與民間分利，使之成爲少數利益群體的獨享之物。江淮
一帶是全國最主要的產茶區，蔡京將之全部變成官市，不許民間經
營，有一年，他覺得現行的鹽鈔制度讓民間鹽商分到了太多的利
潤，於是就悍然下令，廢止現行的鹽鈔，那些手中握有舊鹽鈔的商
人在一夜之間變成赤貧，上吊跳河者不乏其人。[①]

從王安石開始變法的1069年，到蔡京被罷官的1126年（靖康元
年），極端的國有專營制度的實施前後長達57年，而這又正是北宋
帝國由半衰走向滅亡的57年。1127年，北方的金軍攻破汴梁，擄走
宋徽宗、宋欽宗，北宋就這樣亡了。

「改革標本」王安石

回頭還來講王安石這個人。

這個人是中國經濟史、政治史上充滿了重大爭議的標竿性人
物。我們常常說一個歷史人物不易評論，是因爲他「面目不清」，
可王安石這個人面目很清晰，還是不易評價。

---

① 《宋史‧蔡京傳》：「榷江、淮七路茶，官自爲市。盡更鹽鈔法，凡舊鈔皆弗用，
富商巨賈嘗齎持數十萬緡，一旦化爲流丐，甚者至赴水及縊死。」

在宋代，人們就不知道如何評價王安石。鄧廣銘在創作《北宋政治改革家王安石》時便感慨道：「找不到一篇記述王安石生平的行狀、墓誌和神道碑之類的文字，不但見不到全篇，連片段的甚至三言兩語的引證也看不到。」也就是說，宋人對這個改變了帝國以及所有人命運的大人物「視而不見」。

這個人才華橫溢，詩文獨步天下，是公認的「唐宋八大家」之一。他讀書很多，自詡讀遍天下所有的書。他辯才無礙，講起《周禮》，舉朝無人比他更爛熟於心。他把司馬光、蘇東坡等人整得很慘，可是沒有人敢說自己的才華比他高。

他還是個非常能幹的官員，很懂財經之道，當官不靠後臺，科舉出身，從縣一級幹起，當過知縣、通判，一直幹到中央。他對所有的行政關節非常熟悉，誰都騙不了他。

他不修邊幅，不通人情。宋朝是士大夫之國，大家都穿得很體面，彬彬有禮，偏偏這個王安石不洗頭、不剃須，每天身上很臭地來上朝，還整天死著一張臉，同僚都叫他「拗相公」。他不拉幫結派，獨來獨往，跟任何人都沒關係。更要命的是，他不貪色、不愛財。中國傳統思想中，一個壞官必會犯這兩條，可是王安石一條都不沾。他節儉清廉，視富貴如浮雲，每次發官餉，總是拎了一袋子錢回家，數也不數就上繳給妻子。他還終生不納妾，在風流開放的宋代文人中絕無僅有。他當然不通敵、不賣國，是一個視國家利益為上的愛國主義者。

這樣一個道德高尚、百毒不侵的人，勤勤懇懇、日以繼夜地把國家搞亡掉了，你怎麼評價他？

　　所以說，這是一個特別有意思的人，是一個特別需要警惕的人。

　　在中國歷史上，像他這樣的人雖然鳳毛麟角，卻也並非僅見。他們爲官清正，工作操勞，辦事雷厲風行，行政效率極高，而且不將私利摻雜於國事。他們力主國家主義，不惜以犧牲民間工商自由爲代價，換得中央集權制度的恢復與穩定。他們提出的行政口號往往是「均貧富」，可是最終的結果一定是將民間的富人和窮人一起剝奪。從經濟史角度來觀察，這些「理財大師」往往是中國式的「治亂循環」的轉折點。

　　自宋之後，到明清兩代的數百年間，王安石是政治史上的「失蹤者」，大家頂多說說他的那些詩歌散文。一直到20世紀以後，他突然鹹魚大翻身，1908年，當世最著名的政論家梁啓超撰寫《王安石傳》，宣告「翻中國歷史上第一大冤案」，王安石突然再成政治大明星。

　　王安石的「復活」，自然與當時的國家境遇及世界環境有關。鴉片戰爭之後，中國淪爲「東亞病夫」，爲了尋求強國之道，推行國家集權主義便成爲政界和知識界的主流意識，在當時，無論是保皇黨人還是革命黨人，都做如是想，錢穆說：「至晚清而主變法者，爭言荆公政術。」[1] 放眼世界，無論是1917年蘇聯的誕生，還是20世紀30年代納粹德國、日本帝國的崛起或美國的「羅斯福新

---

① 錢穆：《中國近三百年學術史》，商務印書館1997年版，第336頁。

政」，都被看成是國家主義的勝利。從此以後，王安石成爲了主流意識形態中無可爭議的大改革家，進入民國乃至1949年之後，王安石的聲望越來越高。郭沫若認爲，秦漢之後第一個大政治家就屬王安石，毛澤東在「文化大革命」中推崇的兩位改革家，一是商鞅，一是王安石。

面對如此充滿爭議的人物和歷史事件，若我們將之放在中央集權制度的兩千年演進史中進行觀察，也許會得出一些稍稍清晰的結論。

「王安石變法」，與之前的「管仲變法」、「商鞅變法」、「桑弘羊變法」、「王莽變法」乃至「劉晏變法」一脈相連，是歷代治國者在經濟集權政策上的一次大試驗。就如同桑弘羊欣賞商鞅，劉晏欣賞桑弘羊一樣，王安石對桑、劉兩人也十分推崇，他在與司馬光的論戰中認定，用國有專營政策來抑制兼併、均和貧富是古代賢君的治國之正道，後世只有桑、劉「粗合此意」。由此可見，歷代「變法」衍續的是同一邏輯。

王安石的激進程度與王莽頗爲接近，他們前後相隔約千年，是兩次分別向兩極挑戰的變革運動，前者試圖回到「周禮」和「井田制」，後者則試圖用「計畫之手」把每個經濟元素都管理起來。他們同樣激烈且充滿理想主義的氣質，可是也同樣遭遇慘敗，並直接或間接地導致了一個帝國的滅亡。

從制度創新的層面來看，「王安石變法」的重要性甚至超越之前的任何一次。它是最後一次建設性探險，是整體配套性體制改革的「終結之作」。

一個特別嚴重的後果是，「王安石變法」的失敗給後來的治國者造成了巨大的心理陰影。一位如此才華卓著的財經大師，在工商經濟如此發達的宏觀環境中，進行一場如此全方位的配套改革，卻造成如此慘烈的失敗結局，這令所有的後來者對激進式變革望而卻步。它的失敗可以說是歷史性的，表明基於法家戰略和儒家倫理的治國手段在經濟改革領域已經無路可走，進不可得，退亦不可得。自北宋之後，南宋、明、清歷代治國者基本放棄了體制內的制度創新，開始用更加嚴酷的管制方式來維持統治，其經濟策略越來越謹小慎微、趨向保守，最終走進了閉關鎖國的死胡同。

所以說，自王安石之後的中國，真正嚴肅的經濟問題只剩下一個，那就是——穩定。

「世界時間」裏的變法

根據布羅代爾的「世界時間」概念，我們可以說，在12世紀之前，「世界時間」的鐘擺是在東方，在中國的——在洛陽，在長安，在汴梁，在泉州。然而之後，這個鐘擺開始悄悄地擺向了西方，擺到了地中海沿岸的義大利，然後到西班牙，到荷蘭，到英國，最後又到了北美洲。「王安石變法」正處在這樣的一個歷史時刻，儘管當時沒有一個人感覺到了這種變化。

造成「世界時間」大挪移的原因，不是自然性的，不是資源性的，而是制度性的，首先是政治制度，然後是經濟和文化制度。

歐洲自西元5世紀西羅馬帝國瓦解後，就進入了漫長的「黑暗中

世紀」，9世紀爆發黑死病和大饑荒，其文明水準和經濟能力與東方的中國完全不在一個層次上。當汴梁、臨安人口超過一百萬時，同時期的歐洲城市要小得多，一般只有數千人，規模最大的威尼斯、那不勒斯和巴黎等，也不過數萬人口而已。不過到了11世紀，歐洲卻發生了一些前所未見的社會變革。

1085年，宋神宗駕崩的那一年，在義大利北部出現了中世紀之後的第一個由市民選舉執行官的城市——比薩城，這意味著「自由城市」的誕生。從11世紀開始，大量失地的歐洲農奴紛紛逃離封建領主所控制的城堡莊園，來到沒有人身管制的城市，根據當時的歐洲法律，他們只要在城市裏居住滿一年零一天，就可以自動地成為「自由民」，因而有諺語說：「城市的空氣使人自由。」城市自治是商業自由的土壤，自由成為新生的市民階級的合法權利，他們在這裏經商，並嘗試著建立自治機關，比薩城的自由選舉就是在這樣的背景下發生的。

就在比薩成為「自由城市」的兩年後，1087年，也是在義大利，博洛尼亞城出現了人類歷史上的第一所大學——博洛尼亞大學，眾多自由學者聚集在這裏，研究古老的羅馬法典和醫學。到1158年，皇帝費德里克一世頒佈法令，規定大學作為研究場所享有獨立性。獨立的大學體制的建立，讓歐洲的知識精英與國家權力之間形成了平等鉗制的關係。

發生在王安石年代的這兩個事件具有分水嶺般的意義。自由的城市催生自由的商業，自由的大學催生自由的思想，而自由的商業和思想又是人類文明走向現代社會的兩塊奠基石。

　　相對於歐洲的這些新變化，宋代中國儘管擁有當時世界上規模最大、人口最多、商業最繁榮的城市集群，建立了遙遙領先於同時期歐洲的經營模式和工商文明，但是，在社會制度的創新上卻開始落後了，相反，王安石的變法更空前強化了政府的管制能力。在歐洲所出現的「自由民」、「自治城市」、「私人財產的合法性原則」、「對君主權力的限制」等法權思想，對於強調中央集權的中國而言，根本沒有萌芽的土壤。在中國漫長的封建專制時期，城市與學校一直為政權所牢牢控制，這是東西方文明走向不同演進道路的根本性原因。放眼未來中國，能否真正建設好現代政治文明，城市與大學的自由度仍是重要的觀察指標。

　　所以，11世紀至12世紀常被稱為中西方文明的大分流時期，是「世界時間」的鐘擺從東向西擺動的關鍵時刻。在這樣的時空背景下解讀「王安石變法」，當有新的體味。

第七講

明清停滯：
大陸孤立主義的後果

第七講

明清停滯：
大陸孤立主義的後果

　　英國經濟學家安格斯・麥迪森的研究證明，長達五百多年的明清兩朝是一個長期停滯的時期：從1300年到1800年的五百年中，中國的人均GDP增長率爲——零。[①] 而這五百年裏，世間物換星移，文藝復興運動讓歐洲走出中世紀，接著是「地理大發現」，然後爆發了工業革命，出現了以「三權分立」爲主要特徵的現代國家。在外部世界開始以加速度的方式，成十倍成百倍地往前狂奔的時候，我們像「龜兔賽跑」中的那隻兔子一樣，在一棵枯樹下酣睡了五百年。

中國與歐洲人均GDP比較

	西元1年	960年	1300年	1700年
中國	450	450	600	600
歐洲	550	422	576	924

（安格斯・麥迪森製表，單位爲國際元[②]）

---

　　① 安格斯・麥迪森：《中國經濟的長期表現（西元960—2030年）》，伍曉鷹、馬德斌譯，上海人民出版社2008年版，第19、37頁。
　　② 「國際元」：學術界以1990年的美元購買力爲參照所形成的貨幣計算單位。

　　這一覺睡到1840年，國門被槍炮打開，但在很長時間裏還是沒有清醒過來，要到1894年的甲午海戰打完，才說「一戰而全民皆醒矣」。所以，這一段時間，對於中華民族來講，是一個要深刻反思的時期。

　　爲什麼在明清，治國者的思想變得保守了呢？一個很大的原因，是對制度創新的畏懼。王安石變法的失敗，使得體制內的創新動力和勇氣徹底喪失，之後南宋偏安一百多年，緊接著是蒙古人鐵血統治九十八年，以至於明朝建立的時候，漢族統治者有了巨大的心理陰影，已經不敢再進行擴張，對於他們來說，「穩定壓倒一切」。黃仁宇就說：「從一開始，明太祖朱元璋主要關心的是建立和永遠保持一種政治現狀，他不關心經濟的發展……就明人關心的問題來說，雖然認爲中國向來是世界的中心，但是必須保持其農業特徵，不能相容並包發展商業和對外貿易。」① 中國的封建王朝對外不再尋求領土擴張，也不需要外來人口，一個億的內需市場已經足夠。同時出於安全的考慮，明朝政府非常想把自己的國土與世界隔離起來，將大陸與世界各國的交往和聯繫降到最低程度。

　　因而，這後來的五百年，基本就是從「穩定壓倒一切」到「穩定壓垮一切」的過程。

---

① 黃仁宇：《明代的漕運》，新星出版社2005年版，第227—228頁。

四大基本制度的惡質化

我們一再談到的四大基本制度，在明清兩代出現了惡質化的態勢。明清的專制化程度，遠遠高於漢唐宋，是真正的高度專制國家。甚至有的學者認為，「專制」這個詞是從明朝開始的，明朝以前的中國並不算是專制國家。

首先，從中央和地方的權力分配制度方面來看。宋太祖趙匡胤「杯酒釋兵權」，一舉解決地方武裝割據的威脅，強化了中央集權的能力；明太祖朱元璋則廢除了宰相制，將中央權力內部皇權與相權的平衡性徹底打破。中國自漢以後，大量的行政性事務是在相府處理，並不在皇宮，宋「百年不殺大臣」更是皇室對士大夫的「權力承諾」。朱元璋廢宰相制，建立大學士制度，其實是破壞了這種「恐怖平衡」，到了清雍正時期，設立軍機處後，情況變得更加糟糕，軍機處設在皇宮邊上的一排小平房裏，皇帝每天處理朝政，把軍機大臣們呼來喚去，整個兒變成皇室的奴隸了，所以皇權傾軋相權，始於此。

其次，在全民思想的控制模式方面，南宋以後，程朱理學越來越禁錮人的思想，到了明清兩代，先是朱棣搞了一個《永樂大典》，再是乾隆弄出了一個《四庫全書》，政府從文本角度來限制思想自由，把它認為的異端邪說全數抹掉，全民思想就統一到了「四書五經」上。

再次，在社會精英的控制模式上，進一步強化和神聖化了科舉制。全中國的知識份子除了「君君臣臣」的儒家學說以外，什麼

都不要去想、不准去想。順治五年,就是清兵入關第五年,清廷下令在全國的府學、縣學都立一塊臥碑,上面銘刻三大禁令:其一,生員不得言事;其二,不得立盟結社;其三,不得刊刻文字,違犯三令者,殺無赦。而這三條,恰好是現代人所要爭取的言論自由、結社自由和出版自由。中國以往的碑都是樹立的,只有這塊碑是臥立的,讀的時候要俯首彎腰,如果不遵從,那就可能「一臥不起」了。有清一代,皇帝多次大興文字獄,使得天下文人戰戰兢兢,俱成「精神上的侏儒」。

最後,在宏觀經濟制度上,國家繼續用強有力的方式來管制宏觀經濟,對外遏制國際貿易,對內搞男耕女織,在工商業領域搞特權經營銷售。

鐵桶陣:對外閉關鎖國

明清治國者有特別發達的「專制智慧」,他們真正發現了「專制的秘密」:政權要穩定,危險無非來自兩處,一曰外患,一曰內憂。除外患,斷絕一切聯繫是不二法門,所以要把國家變成一個鐵桶。解內憂,控制、削弱民間的組織力量是關鍵,所以要把人民打成散沙。

鐵桶陣和散沙術,是明清治國者的兩大法寶。

要打造鐵桶陣,辦法就是閉關鎖國。中國這個國家,北境接草原,西域峻嶺沙漠,南連熱帶叢林,東憑太平洋,在地理上非常容易形成封閉,只要「北修長城,南禁海運」,就可與世隔離。

　　明朝建立以後幹的第一件大事，就是北面修萬里長城，東起鴨綠江，西抵嘉峪關，沿邊設九個防備區，叫九邊，駐紮重兵。從此，自漢唐之後就綿延不絕的「絲綢之路」日漸堵塞，中國與歐洲不再往來。歐洲人在失去陸地商貿的大通道後，被迫面向大海尋找出路，歐洲經濟告別地中海時期，開始向西部，繼而向北方拓展。在這一意義上，歐洲文明日後的走向，應當「感謝」明王朝的閉關政策。

　　南面禁海運，則需要一點兒「自宮」的勇氣。

　　明初建時，擁有全世界最大的海港泉州港和最強大的海軍，經濟和政治勢力輻射到整個西太平洋地區。根據日本學者濱下武志的研究，在15世紀前後，西太平洋地區出現了一個以中國為中心、以白銀為統一貨幣、無關稅壁壘的政治經濟聯盟，這是當時世界上覆蓋面最大、人口最多和結構最穩定的區域性國際體系。中國與周邊的六十多個國家形成了一種「朝貢秩序」，即由宗主國(中國)提供國際性安全保障，朝貢國對中國表示效忠，因而不必保持常設性軍事力量。[①] 從1405年開始的「鄭和七下西洋」，其實是明王朝對這一聯盟體內的「東南夷」南部諸國的一次大規模巡檢，六十二艘九桅大帆船和近三萬名隨員的龐大艦隊呈現出無與倫比的軍事和經濟實力，進一步鞏固了明帝國在東南亞地區的宗主國地位。

① 濱下武志：《近代中國的國際契機——朝貢貿易體系與近代亞洲經濟圈》，朱蔭貴、歐陽菲譯，中國社會科學出版社1999年版，第59—61頁。

　　歷史的轉折時刻出現在1492年，也就是鄭和最後一次下西洋的59年之後，明廷下令「閉關鎖國」，沿海人民從此不得與來華的番船發生任何交通、貿易行為，第二年，明廷敕諭今後百姓的商貨下海，即以「私通外國」治罪。1585年，朝廷甚至發佈過一道命令，聲稱誰要建造雙桅杆以上的船隻，就視同叛亂，處之以死刑。中國的海軍體系自我毀滅，在造船技術上的進步從此戛然而止。

　　巧合的是，也是在1492年，義大利航海家哥倫布帶著西班牙國王給中國皇帝和印度君主的國書，向正西航行，到達了美洲的巴哈馬群島，偉大的「地理大發現」時代開始了。哥倫布的船隊只有三艘船，八十八個人，準備不足，方向不明，卻開啟了一段新歷史。在西方史學界，1500年往往被看成是古代與近代的分界線，保羅‧甘迺迪在《大國的興衰》中描述道：「16世紀初期，中西歐諸國能否在世界民族之林脫穎而出，顯然未見端倪，東方帝國儘管顯得不可一世，組織得法，卻深受中央集權制之害。」他用十分吊詭的筆調描寫中國的閉關鎖國：「鄭和的大戰船被擱置朽爛，儘管有種種機會向海外召喚，但中國還是決定轉過身去背對世界。」[1]

　　清朝建國於1644年，繼續了明的鎖國政策。它本身就來自東北，且與蒙古達成「滿蒙一家」的戰略合作，所以北患比明朝要輕得多。在南面，清廷為了壓迫和封鎖盤踞臺灣島的鄭成功集團，於

---

① 保羅‧甘迺迪：《大國的興衰》，陳景彪等譯，國際文化出版公司2006年版，第2、7頁。

1661年、1662年和1664年，三次頒佈「遷界禁海令」，宣佈「片板不許下水，粒米不許越疆」，山東至廣東沿海老百姓內遷三十海里，形成了一個隔火地帶。施琅打下臺灣後，1685年（康熙二十四年），宣佈開海貿易，設立了廣東、福建、浙江和江蘇四大海關。到1757年（乾隆二十二年），由於沿海貿易日漸活躍，特別是東印度公司不斷派員北上衝撞，乾隆下詔關閉浙、閩、江三地海關，指定廣州爲唯一的通商口岸。從此，繁榮了數百年的泉州港、明州港（寧波）等徹底衰落，廣東的開放個性以及外向型產業結構由此形成，日後，民國及改革開放時期，兩次「南風北漸」，歷史的原因便在這裏。

海關制度與之前的朝貢制度相比，是外貿政策上的一個大變化。根據歷代的市舶制度，各國商人以朝貢的方式與中國展開貿易，貢使將貢物獻給中國皇帝，其商人將貨物交與市舶司，在特定的館地臨時招商叫賣，並無專設的買賣機構。海關設立之後，外商被允許在中國境內自建商館，西方各國商人紛紛在廣州城門以西的珠江邊建造房屋。外商稱之爲「商館」，中方則稱之爲「夷館」。清政府對夷館商人進行了嚴格的行動管制，他們未經批准不能進入廣州城，也不得擅自離開夷館四處活動。在不同時期，政府還頒佈過諸多限制性的法令，譬如，外商不得在廣東過多、不得乘轎、不得乘船遊河、不得雇用漢人婢僕，禁止中國商人向外商借貸資本，等等。也就是說，在很長的時間裏，外國人被關在一個「鐵柵欄」裏與中國人做生意，他們對中國所發生的一切及社會風貌一無所知。

　　從朝貢制到海關制，清政府在經濟上改變了外貿政策，但政治上的外交政策一直沒跟上，政治又拖了經濟的後腿。清朝皇帝從來把外邦看成是「低我一等」的蠻夷，順治便認為「通貢」已是天朝對蠻夷最大的恩賜，「貿易二字不宜開端」。①

　　在四百多年的時間裏，這個「鐵桶陣」打造得很完美，自己在裏面陶醉，外面的人也對桶內的情景無所知曉。從1521年開始，葡萄牙人、荷蘭人、俄國人先後派出15個使團，試圖與清朝建立雙邊關係，均遭拒絕。直到1792年，已經非常強大的英國第一次派出了官方的訪華使團，也就是歷史上非常有名的馬戛爾尼使團，從廣州港登陸，沿著運河一路北上到熱河去見乾隆皇帝，這才第一次親眼看到了真實的天朝。英國人在日記中寫道：「不管是在舟山還是在溯白河而上去京城的三天裏，沒有看到任何人民豐衣足食、農村富饒繁榮的證明。事實上，觸目所及無非是貧困落後的景象。」② 他們進而斷定：「這個政府正如它目前的存在狀況，嚴格地說是一小撮韃靼人對億萬漢人的專制統治。至少在過去的一百年裏沒有改善，沒有前進，或者更確切地說反而倒退了；當我們每天都在藝術和科學領域前進時，他們實際上正在成為半野蠻人。」③

　　英國人向清廷提出了七項條件，以現在的眼光看，大多屬於希

---

　　① 參見陳國棟：《東亞海域一千年》，山東畫報出版社2006年版。
　　② 約翰・巴羅：《我看乾隆盛世》，李國慶、歐陽少春譯，北京圖書館出版社2007年版，第53—54頁。
　　③ 參見斯當東：《英使謁見乾隆紀實》，葉篤義譯，上海書店出版社1997年版。

望展開平等貿易的要求，比如開放寧波、舟山、天津等為貿易口岸，允許英國商人在北京開辦一家貿易公司，允許英商在舟山和廣州附近有存貨和居住的地方，懇請中方公佈稅率、不隨意亂收雜費，等等。乾隆一條不准，還寫了封信給英王喬治三世，內稱「其實天朝德威遠被，萬國親王，種種貴重之物，梯航畢集，無物不有，爾之正使等所親見。然從不貴奇巧，並無需爾國制辦物件」。意思很明白，天朝什麼都有，你派來的人都看到了，你們國家生產的任何東西，我都不稀罕，以後，能不來，儘量就別來了。馬戛爾尼給乾隆帶來了很多東西，有望遠鏡、火炮、時鐘等，和珅把它們都運到了北京，一直到1900年八國聯軍攻進紫禁城，跑進去一看，很多東西還沒開過封。

散沙術：對內男耕女織

每個治國者登基第一天，都會想一個問題：「我怎麼樣才能走出改朝換代的周期律？」各代的辦法都不一樣。朱元璋雖然是乞丐出身，學歷很低，但也是一個很有思想的人，他的辦法就是，把這個國家打成一盤散沙。當這個國家的人民變成一粒粒沙子的時候，也就沒有了凝聚的力量，人凝聚不起來，就不可能造反了，這就是對內維持統治的「散沙術」。朱元璋還在老子的《道德經》裏找到了思想依據，老子說，天下最理想的境界是「雞犬相聞，老死不相往來」。每個人都活在自己的一個小村莊裏，守望相助，男人早上起來去種地，日落就回家，女人在家裏燒飯紡紗管小孩，男女一生

不出鄉村，這樣，天下自然太平，王朝自然千秋萬代。史書說，朱元璋一生中最喜歡讀的書便是《道德經》。

要把天下打成散沙，在經濟上，最好的模式就是男耕女織。

在中國經濟史上，有兩種植物徹底改變了國家的命運，一是宋代的水稻，二是明代的棉花。

水稻原產於亞洲熱帶地區，五代及宋代初期，香巴王國（今越南北部）的占城稻被廣泛引入長江流域，它一年可有兩熟，甚至三熟，而且產量比一年一熟的小麥要高一倍，從而引發了一場「水稻革命」。糧食產量的劇增，使得「中國碩大的沙漏倒轉了」[1]。宋代人口急速增長，成為人類歷史上第一個億級人口的龐大帝國。從此之後，統治者失去了對外進行土地和人口掠奪的「剛性需求」。

而朱元璋則發動了一場「棉花革命」。與水稻一樣，棉也是一種外來植物，原產於印度，在漢字中第一次出現是南朝的《宋書》。宋末元初，它已經在南方地區得到一定面積的普及。元代，松江府（今上海）的婦女黃道婆改進紡織技術，使生產效率大幅提高。朱元璋建國之後大力推廣棉花種植，他下令，農民有田五至十畝的，俱令種桑、麻、棉各半畝，10畝以上倍之，到1393年（洪武二十六年），全國田地比元末增長了4倍多，其中棉田的增加最為顯著。棉花種植和棉紡織技術的革新，徹底改變了中國人以絲綢和麻

---

① 費爾南·布羅代爾：《文明史綱》，肖昶等譯，廣西師範大學出版社2003年版，第196頁。

布為主的穿著傳統，服裝產量為之大增，棉紡織迅速成為全國第一大手工製造業。據吳承明的研究，明清兩代，中國每年生產約6億匹棉布，約人均每年織布兩匹，商品值近1億兩白銀，其中52.8％是以商品形式在市場出售的，總產量是英國在工業革命早期時的6倍。[①]

這兩場革命，「水稻革命」和「棉花革命」，對中國的經濟結構、社會結構、政治治理理念乃至國民性都造成了重大的、不可逆的影響。

這裏還有一個世界級的問題需要解答：眾所周知，發生於英國的工業革命其實也是以紡織業為啓動點的，而它最終引爆了機械技術的革命性創新，同時帶來社會組織的顛覆性變化，最終誕生了資本主義，改變了人類文明的方向。那麼，為什麼同一個產業的創新，在中國不但沒有引發與英國相同的革命性效應，反而為自閉創造了條件？

學者們研究得出的結論是：在14世紀的中國江南鄉村，每個農家都有織機一部，耕作之餘，無論婦孺老小都從事紡織，全家動手，機聲不休，通宵達旦。每戶所織之布雖然數量甚微，但聚合之後，成億萬之數。趙岡和陳鐘毅在他們的研究中指出過一個讓人吃驚的事實：從14世紀一直到19世紀80年代以前，在中國沒有出現過一家手工業棉紡織場！他們在《中國經濟制度史論》中寫道：「中

---

① 吳承明：《論清代前期我國國內市場》，《歷史研究》1983年第1期。

國傳統手工業各大部門都曾有過工廠雇用人工作業生產的記載，惟獨棉紡織業沒有任何手工工廠的確切報導。」① 這種「一戶一織」的家庭紡織與規模化的工廠化生產相比，最大的特點，或者說優勢是，前者的從業者幾乎沒有勞動成本支出，而且時間也是幾乎沒有成本的，任何人都可利用閒暇時間單獨操作。在這種生產模式的競爭之下，規模化的手工業工廠當然就沒有任何生存的空間了。

在現代經濟研究中，早期的鄉村手工業常常被稱爲「工業化原型」，它爲工業革命的誕生提供了市場和技術前提；然而在中國，鄉村手工業則變成了機械工業化的障礙，它發揮無比的抗拒力，來阻止工廠的興起與工業化進程，這是一個歷史性的悲劇。

城市化率的下滑

中國的城市從來不屬於民間。張光直的研究證明，從「中國最古的城市」到「近代中國的城邑」，都是政治的中心，是維護權力的必要工具，這一特徵其實從未被改變過。② 不過，城市在經濟中的功能卻在明代以後改變了。在先秦之後的一千五百多年裏，中國的經濟運行中心被置於若干個大都市之中，人口和工商活動也頗爲集中，唐代還有法令限制縣級以下的商業市集之發展。可是，在明

---

① 趙岡、陳鐘毅：《中國經濟制度史論》，新星出版社2006年版，第415頁。
② 張光直：《中國青銅器時代（二集）》，生活·讀書·新知三聯書店1990年版，第5頁。

代之後，與數以百萬計的農村家庭紡機相配套的，是中國從城市化向城鎮化的大退化。

　　隨著家庭紡織業的繁榮，這些農戶的周邊自然地出現了大型交易集市。這些新型市鎮與傳統市鎮的最大不同之處是，它們興起的功能不是爲農民消費服務，而是爲農業生產服務，參與貿易的不是「以物易物」的小農戶，而是大商販和巨額資金，他們的利益所得，來自於規模化經營和遠途販運。有人統計江南地區蘇州、松江、常州、杭州、嘉興和湖州六府境內的市鎮數目變化發現，在宋代，這裏有市鎮71座，而到了明代，則增加到了316座。中國的縣級機構，自唐之後數量變化一直不大，大抵在2000到2300個，可是市鎮數量卻幾何級增多，到清中期，全國已約有三萬個市鎮，它們替代之前的兩千個中心縣城，成爲中國經濟的驅動器。

　　我們不妨將這一轉變歸納爲中國城市化的「離心現象」——在其他國家，城市人口比重愈來愈高，也愈來愈集中，小城市變大，大城市變得更大；但是在中國，宋代以後城市人口的集中程度逐漸減弱，大中型城郡停止擴充，明清兩代的幾個大都市，從人口到城區規模都比兩宋和元代時縮小許多，人口反而向農村靠近，江南地區形成眾多市鎮。①

----

　　① 城市與人口：明清兩代，中心城市的規模及人口總量從來沒有超過兩宋的汴京與臨安，歐洲的城市發展路徑恰恰相反，據羅茲曼的計算，在1500年前後，歐洲最大的4個城市是米蘭、巴黎、威尼斯和那不勒斯，人口在10萬～15萬之間，到1800年，巴黎人口超過58萬，倫敦則達到了86.5萬。參見安格斯·麥迪森：《中國經濟的長期表現（西元960—2030年）》，伍曉鷹、馬德斌譯，上海人民出版社2008年版，第32頁。

　　自明初到清末的500餘年間，中國的城市化進程陷入停滯，城市總人口之絕對數幾乎沒有增長，但是全國總人口則在不斷增加——從明代初期的7000萬人，至16世紀時達到1億至1.3億，至清代乾隆年間已將近3億，城市人口比重日趨降低，到19世紀中葉降至谷底。若與西方相比，戲劇性的反差更爲明顯：中國城市化率的最高點出現在13世紀的南宋，之後掉頭向下，而西方正是在13世紀開始了城市化率的提升。[①] 在1800年，世界上70%的大城市位於亞洲，北京在很長時間裏爲規模第一，可是到了1900年，僅有一座世界級大城市位於亞洲，其餘則均位於歐洲與美洲，這都是「工業革命」的結果。[②]

　　這種人口和經濟重心向農村轉移的現象，最爲眞實地表明中國社會的平鋪化和碎片化態勢。它既是人口增長和產業經濟發展的客觀結果，同時也是中央集權制度的必然引導。

　　在城市離心化的大趨勢之下，進而出現了「油水分離」的社會景象：政治權力集中於城市，爲政府及權貴所全面控制，城市從此成爲權錢交易中心和奢侈消費中心，而非生產製造中心。經濟力量則集中於數以萬計的市鎮，爲民間勢力所掌握，大量的手工業分散於數量更多的村莊，這使得資本、人才和資源的集聚效應根本無法

---

① 趙岡：《中國城市發展史論集》，新星出版社2006年版，第84頁。
② 參見尼爾‧弗格森：《文明》，中信出版社2012年版。

發揮。

男耕女織的社會經濟結構、扁平散點化的市鎮發展，加上以反對人口流動為目標的戶籍管理制度，一個符合中央集權要求的、以保持低效率為前提的「超穩定結構」便形成了。在這個意義上，「男耕女織」確乎是一個中國式的「唯美主義的詛咒」。

對「自轉慣性」的預警

講解至此，我們要對中國的「自轉慣性」提出一個歷史性的預警。

在人類社會的大家庭中，一個國家如同宇宙中的一顆星球，有與世界文明同步的公轉，也有與自身條件相符合的自轉。在所有的文明體中，因地理、人文乃至經濟的原因，中國也許是自轉條件最好、自轉能力最強的國家之一。

在農耕文明時期，一個國家若要閉關鎖國、拒絕公轉，必須具備兩個重要的條件：一是土地之廣袤和糧食之充沛足以養活全體國民，二是人口之眾多足以滿足工商生產的市場供求。如果這兩個前提成立，那麼，技術的進步很可能會強化——而不是減弱——這個國家的內向與封閉。碰巧，到了14世紀的明朝，所有客觀條件全數具備，帝國迅速轉身，成為一個「自轉的小宇宙」。

在學術界，只有很少的學者觀察到這一規律，從來沒有到過東方的布羅代爾在《文明史綱》中曾簡短地提及，「人口的眾多導

致了中國不需要技術進步，內需能夠滿足供應，而不必追求海外市場」。對農業文明狀態下的民生而言，最主要的內需產品只有兩個，一是吃，二是穿。而水稻和棉花的引進與推廣，在「耕」和「織」兩大領域分別解決了技術性的問題，創造了閉關鎖國的必要條件。湯因比在《歷史研究》中則對大一統制度與技術進步的關係進行了更具普遍意義的闡述，在他看來，「他們常常對技術進步的可能性漠不關心或者乾脆採取敵視態度，因為他們認為，任何技術變革都會威脅經濟的穩定，因而也會威脅社會和政治的穩定，而這種穩定是統一國家的奠基人好不容易才確立起來的」。①

於是，自宋代之後日漸奉行的「大陸孤立主義」，終於在明代找到了現實而頑固的落腳之處。14世紀至15世紀的那場「棉花革命」是中國農業經濟的最後一次革命，是小農經濟興盛的關鍵性因素，它將古代的中國經濟推拱到了一個新的高峰，並終止於此。從此之後，在長達400年的漫長時間裏，中國成為一個不再進步、超穩定的小農社會，一個與「世界公轉」無關的、「自轉」的帝國。據安格斯‧麥迪森的計算，中國在1301年（元朝大德四年）的人均國內生產總值為600「國際元」，此後增長全面停滯，一直到1701年（清朝康熙三十九年）的400年中，增長率為零。而歐洲的人均國內生產總值則從576「國際元」增加到了924「國際元」。

---

① 阿諾德‧湯因比：《歷史研究》，郭小淩、王皖強等譯，上海人民出版社2010年版，第41頁。

如果從靜態的角度來看的話，這是一種效率與管理成本同步極低的社會運行狀態，若沒有外來的「工業革命」的衝擊，竟可能是中國歷史的終結之處。自宋代的「王安石變法」之後，帝國的治理者已經找不到經濟體制變革的新出路，於是，通過推廣「男耕女織」的民生方式，將整個社會平鋪化、碎片化已成為必然之選擇。社會組織一旦被「平鋪」，就失去了凝聚的力量，從而對中央集權的反抗便變得微弱無力。

這樣的治國策略在明清兩代看來是成功的。黃仁宇論述道：「在明代歷史的大部分時期中，皇帝都在沒有競爭的基礎上治理天下。……在整個明代，都沒有文官武將揭竿而起反對國家。此外，普通百姓對國家的管理不當極為容忍……由於這些條件，王朝能以最低的軍事和經濟力量存在下來。它不必認真對待行政效率……王朝的生命力不是基於其優勢，而是因為沒有別的對手替代它。」①

黃仁宇所謂的「替代的對手」，僅僅是站在競爭的角度觀察，而如果從制度的角度來看，又存在兩種可能性。其一，新的「替代者」延續明帝國的模式，讓社會在靜止的、超穩定狀態下緩慢地「自轉」。其二，則是出現一種根本性的、新的制度將之徹底地推翻並更換。這兩種狀況後來都發生了。第一次的替代出現在1644年，而第二次則出現在遙遠的1911年。

---

① 崔瑞德、牟復禮主編：《劍橋中國明代史（下卷）》，史衛民等譯，中國社會科學出版社2006年版，第144—145頁。

　　必須指出的是，高度專制的中央集權制度對閉關鎖國以及社會組織的散沙化有著天然的渴望，這種政治制度若得不到根本性的改變，任何新的技術進步都可能異化為提高「自轉」能力的手段。

　　當今之中國，實行閉關鎖國及社會散沙化的客觀條件仍然存在，在產業經濟層面，中國尚處在工業革命和資訊革命的交融之際，內需市場——包括城市化運動和民眾消費——越來越成為拉動國民經濟的主要力量，特別是2008年的全球金融危機之後，中國產業經濟對外貿的依賴度急劇下降。在未來的20年內，隨著新能源技術的發明普及，中國對國際性自然資源的依賴度很可能進一步下降，這意味著，中國重新回到自轉狀態的危險度也在提高。在這個意義上，中國的改革正與全球科技革命進行著一場不確定性的、危險的賽跑。

陷入官商泥潭的工商經濟

　　明清兩代的工商業已完全陷入官商經濟的籬藩。發軔於宋的「買撲制」、「鈔引制」到明日漸完善為特許授權經營制度，明清三大商幫——晉商、徽商和廣東十三行商人全數因此而得利，商人完全淪為一個寄生性階層。

　　特許授權又與鹽政有關。自管仲以降，中國歷代政府都視鹽業為經濟命脈，其專營所得在年度財政收入中占很大比重，明代也不例外。朱元璋重修萬里長城，長年駐紮80萬雄兵和30萬匹戰馬。其中駐軍最密集的是「內迫京畿，外控夷狄」的山西大同一帶。為

了解決「兵政之患」，朱元璋想出了「以鹽養兵」的政策，將「鈔引制」稍改爲「開中制」[1]，具體辦法是：商人運糧和其他軍需物資到北方邊疆，以糧換「引」，然後憑鹽引到指定鹽場支取食鹽，再到指定的地區銷售。這一制度的實行，讓得地理之利的山西商人迅速崛起，他們收糧販鹽，橫行天下，成爲勢力最大的區域性商人群體，是爲晉商之始。到了明代中期，最出名的晉商家族是蒲州（今山西永濟市）的王家和張家，他們分別控制了北方最大的兩大鹽場：河東鹽場和長蘆鹽場。王家子弟王崇古是宣大總督，爲帝國北方國防的最高指揮官，張家子弟張四維當過禮部尚書、內閣首輔，兩家同處蒲州，互相聯姻，結成了一個極其顯赫的家族聯盟，壟斷北方鹽業，官商氣質濃烈。

到明中葉的1492年（弘治五年），隨著北患漸除，南方籍官員實行鹽政變法，提出新的「折色制」，從而一改「開中制」所形成的利益格局。按照新的制度，商人不用再到北部邊疆納糧以換取鹽引，而是可以在內地到鹽運司納糧換取鹽引，這就是所謂的以「納銀運司」代替「中鹽納粟供邊」。當時，南方淮河、江蘇地區的鹽場產量日漸增加，淮鹽每年的鹽引總量已占全國發行總鹽引數量的二分之一，改行「折色制」後，徽商順勢崛起。晉、徽爭雄，勢必造成慘烈的博弈，爲了劃分彼此的利益，並防止新的競爭者進入，政府又「適時」地推出了「綱鹽政策」，即把鹽商分爲10個綱，

---

[1] 《明史·食貨志》：「召商輸糧而與之鹽，謂之開中。」

按綱編造綱冊，登記商人姓名，並發給各個鹽商作爲「窩本」，「窩本」允許世襲，冊上無名、沒有「窩本」者，不得從事鹽業貿易。「折色」加上「綱鹽」，就構成了官商一體、結合了特許與准入特徵的承包經營制度，這是明人一大發明，對後世的影響非常深遠。①

清乾隆開放通商，推行的「行商制度」則是特許制在外貿領域的延伸。當外商被嚴格管制並「圈養」起來之後，政府便以發放牌照的方式，允許獲得資質的中國商人與之進行交易，史稱「十三行商人」。根據當時的保商制度，外船入境後必須有一位十三行商人予以擔保，凡入口稅均須經行商之手，行商承擔的責任還包括：商品價格的制定、爲外商代繳關稅、負責管束外商行爲等。如果外商在華期間有任何違法行爲，海關將對行商實施追究。這種獨特的保商制度讓十三行商人成爲政府與外國商人之間的一個媒介，其職責加大，與政府和外商的關係進一步緊密，而權力和獲利能力也隨之迅速膨脹。

晉商、徽商和十三行商人，因特許授權而獲得壟斷性利潤。明人認爲徽商最富，晉商和陝商次之——「以新安最，關西、山右次之」。清人章嗣衡、徐珂曾統計，晉商的資產總數約在5000萬～

---

① 王振忠：《明清徽商與淮揚社會變遷》，生活·讀書·新知三聯書店1996年版，第6—11頁。

6000萬兩白銀之間，接近於清政府一年的財政收入之和。[①] 當代
山西籍學者梁小民則認爲，晉商的資產總量應在1億兩白銀左右。
[②] 清末，十三行商人獨享外貿之利，財富暴漲號稱「天子南庫」，
大有超越晉商、徽商之勢。道光年間的伍秉鑒擁有資產約2600萬銀
元，在西方人的眼中，就是當時世界上的首富，20世紀90年代的
《亞洲華爾街日報》曾評選出1000年以來世界上最富有的50個人，
伍秉鑒是6個入選的中國人裏唯一的商人。

三大商幫儘管都富可敵國，可都是被豢養大的寄生蟲，他們的
財富增加與市場的充分競爭無關，與產業開拓無關，與技術革新無
關，因而與進步無關。費正清在《美國與中國》一書中充滿困惑地
寫道：「一個西方人對於全部中國歷史所要問的最迫切的問題之一
是，中國商人階級爲什麼不能擺脫對官場的依賴，而建立一支工業
的或經營企業的獨立力量？」他得出的研究結論是：「中國的傳統
不是製造一個更好的捕鼠機，而是從官方取得捕鼠的特權。」[③] 明
清商人便生動地詮釋了這一論斷。一個國家的資產階層是否獨立且
重要，並不取決於其財富的多少，而取決於其獲得財富的方式。

明清商人的錢賺得越來越多，可是他們的安全感卻越來越少，
他們始終沒有培育出一種「商人精神」，而造成這一現象的最根

---

① 參見章嗣衡的奏摺及徐珂編撰的《清稗類鈔》。
② 參見梁小民：《小民話晉商》，北京大學出版社2007年版。
③ 費正清：《美國與中國》，張理京譯，世界知識出版社1999年版，第46頁。

本原因是，從知識精英到他們自己，都不認同商人是一個獨立的階層，他們從來沒有形成自己的階層意識，這是最具悲劇性的一點，如費正清所言，「中國商人最大的成功是，他們的子孫不再是商人」。商人發達之後，便將主要精力傾注於幾件大事：一是構築錯綜複雜的官商網絡，二是培育同族子弟攻考科舉，三是重建宗族世家，所謂「以商致富，以宦貴之」。明代學者王士性總結道：「縉紳家非奕葉科第，富貴難於長守。」也就是說，當一個商人完成財富的原始積累之後，或投靠結交權貴，或投資於本族子弟，促使他們通過科舉考試，成為體制內的權勢者，唯有如此才能「保衛」既得的榮華富貴。

被槍炮打破的「超穩定結構」

自明入清，治國者由滿替漢，老百姓留起了辮子，可是治理邏輯則一以貫之，政治上愈來愈趨專制保守，經濟上愈來愈趨官商專營，對外「鐵桶陣」，對內散沙化，社會進步全然喪失動力。金觀濤和劉青峰發明了兩個辭彙形容這一時期的中國——「超穩定結構」與「高水平停滯」，他們分別繪製了中國與西方的「科學技術水平累加增長曲線」，從這兩張圖中可以清晰地看出，到了15世紀之後，中國的增長曲線呈現長波段的水平停滯狀態，而西方則進入爆發性增長階段。他們因此得出了一個十分重要的結論：無論對於中國還是西方來說，科學技術結構和社會結構之間都存在著適應性。也就是說，制度大於技術，中國的經濟和科技落後首先體現在

政治體制和社會制度的不思進取。 ①

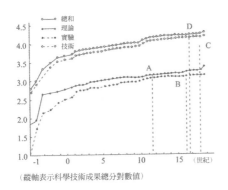

（縱軸表示科學技術成果總分對數值）

中國古代科學技術水平累加增長曲線

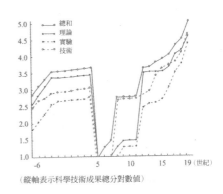

（縱軸表示科學技術成果總分對數值）

西方科學技術水平累加增長曲線

　　大清帝國前後延續了268年，其中，從1661年到1799年，凡138
年，被稱爲「康乾盛世」。盛世的標誌有三：一是人口的迅猛增
長，由建國時約1億增長到3億；二是中央財政日漸豐腴，康熙去世
時，國庫盈餘有800萬兩白銀，雍正留下了2400萬兩，乾隆留下了
7000萬兩；三是百年太平使得民間生活安逸，商人階層由儉入奢，
工商繁榮。在國史上，若以時間計算，「康乾盛世」僅次於「貞
觀—開元盛世」。

　　然而在社會進步的意義上，「康乾盛世」其實是大一統中央集
權制度下的周期性復甦，中國社會仍然在超穩定的狀態下平鋪式

① 金觀濤、劉青峰：《興盛與危機：論中國社會超穩定結構》，香港中文大學出版社
1992年版，第302—303頁。

地演進，在經濟制度、政治制度和科學技術上沒有發生任何實質性的突破。如果站在人類發展史的角度上，我們更會發現，這所謂的「盛世」實在是一個莫大的諷刺。在西方史上，17世紀是一個智力大爆發的時代，歐洲的思想家們在天文學、物理學、數學、社會學、哲學等多個領域進行了開創性的工作，並集體奠定了現代科學殿堂的基石。有人統計了全球最重要的369個科技成就，竟然有38%出現在歐洲宗教革命之初（1553年）到法國大革命初期（1789年）這段時間，比重之大，令人吃驚。正是在科技力的驅動下，歐美列國相繼實現了對中國的超越，從1700年到1820年，美國的人均國內生產總值增長率為72%，歐洲為14%，全世界的平均增長率為6%，而中國的人均國內生產總值一直是零增長。到19世紀30年代前後，中國的經濟總量仍然為全球第一，可是經濟總量的增加全部來自於人口倍增的效應。①

觀察這一時期的中西歷史，可以得出兩個重要的結論：

其一，在工業革命中，一個國家的財富水準和財富總量，與其工業化的時機、速度以及成功之間並不是簡單的對應關係，也就是說，既有的經濟總量絕不是唯一的決定因素。與之相比，技術革新構成了工業化進程的核心，然而在明清時期的中國，總體上缺少推動生產方式發生根本性變革的激勵機制。

① 安格斯·麥迪森：《中國經濟的長期表現（西元960—2030年）》，伍曉鷹、馬德斌譯，上海人民出版社2008年版，第37頁。

其二，工業革命和西方式的資本主義是以一種非常突然的方式「空降」到東亞地區的，它在社會和經濟制度上都與原有的「基因」格格不入，作爲被接受方，中國乃至東亞各國在心理、制度上所遭到的打擊都是巨大而慘烈的，甚至是毀滅性的。

這一超穩定狀態在19世紀初被打破，其原因仍然是外患和內憂。

先是因鴉片的非法輸入，帝國在1826年第一次出現了貿易逆差——這一事實可以被看成中國經濟被西方超越的標誌性事件，白銀大量外流，決策層試圖通過禁煙的方式遏制外貿和貨幣狀況的惡化，激烈、資訊不對稱的貿易摩擦導致了1840年的鴉片戰爭。關於這場戰爭，中西史界有不同的判斷，中國學者大多將這場戰爭看成是徹頭徹尾的侵略戰爭，是導致中國衰落的罪魁禍首。而西方學者則傾向於將戰爭看成是中國衰落的結果，而不是原因，正是這場戰爭讓中國「擺脫」了閉關鎖國的狀態。卡爾·馬克思在給《紐約每日論壇報》寫的一篇文章中便認爲：「在英國的武力面前，清王朝的權威倒下，成爲碎片；天朝永恆的迷信破碎了；與文明世界隔絕的野蠻和密封被侵犯了，而開放則達成了。」進入當代之後，即便是一些非常同情中國的學者，也從經濟史的角度提出了這場戰爭的「不可避免性」。[①]

對國家治理造成的更大傷害來自內部。從1800年開始，北方地

[①] 參見彭慕蘭：《大分流：歐洲、中國及現代世界經濟的發展》，史建雲譯，江蘇人民出版社2004年版。

區爆發了白蓮教運動，朝廷爲鎮壓這一運動花去一億兩白銀，國庫爲之半空。到1851年，南方爆發了規模更大的太平天國運動和撚軍起義，戰爭前後持續十四年，國家財政爲之支出約七億兩白銀，相當於十年財政收入的總和。戰爭時期，由滿蒙八旗和綠營組成的中央軍屢戰屢敗，朝廷不得不允許下層漢族官員組織地方武裝力量抵抗，曾國藩、左宗棠、李鴻章等人乘機崛起。這些地方軍閥爲了籌集軍餉，在各商業市鎮「設局勸捐」徵收「釐金」。地方武裝的壯大及釐金制度的出現，實爲地方自治力量強大之始，自宋太祖之後九百年不復出現的「藩鎮現象」死灰復燃。

　　在內外交困之下，治國者又走到了必須變革的懸崖之畔，此時的中國，雖然中央財政已瀕臨破產邊緣，白銀的穩定性遭遇挑戰，西風東漸造成人心思變，但是維持大一統的基本制度卻未遭到致命的挑戰，在體制內進行改革的動力和空間仍然存在。很可惜的是，後來的改革者一次次作出了不可寬恕的「最劣選擇」。

洋務運動：
缺乏現代性的現代化變革

第八講
洋務運動：
缺乏現代性的現代化變革

在歷代經濟變革中，晚清洋務運動可謂最為凶險的一役。

當其時，外敵環伺，國力積弱，政府財政和民間財富幾乎無以憑藉。在改革範式上，這是史上第一次輸入式改革，意識形態上的破冰難乎其難。而就經濟來說，這又是本民族從千年農耕文明向工業文明轉型的「驚險一躍」。李鴻章在變法之初就驚呼：「我朝處數千年未有之奇局，自應建數千年來未有之奇業。若事事必拘守成法，恐日即於危弱而終無以自強。」[1] 由此可見變革者當時的困局、心境及無奈。

洋務運動不是一場「遲到的運動」

後世史家常常喟歎，中華民族錯過了近代工業文明的萌芽期，因而受到列強的侵辱。然而，若進行一次全球環視，答案也許會不

---

[1] 李鴻章：《妥議鐵路宜折》，1880年。

一樣。在中國開始洋務運動的19世紀60年代中期，後來成為全球最強經濟體的三個國家——美國、德國以及日本——也剛剛完成了國家的統一，並相繼開始它們的現代化之旅。

美國在1865年結束了南北戰爭，林肯總統雖然解放了黑奴，但種族隔離仍然持續，南北對峙情緒未消。在1860年前後，美國人口占全球人口總數的3%，全美超過8000人口的城市只有141個，鋼鐵產量不足100萬噸，歐洲的報紙直接將之比喻為「跟在英國、法國後面的小兄弟」。1865年，後來成為美國首富、此時年僅30歲的安德魯·卡內基在賓夕凡尼亞州與人合夥創辦卡內基科爾曼聯合鋼鐵廠；就在同一年，李鴻章也向清朝廷遞交了《置辦外國鐵廠機器折》。也是在這一時期，德國剛剛完成統一，1870年，以「埃姆斯電報」事件為導火線，普法戰爭爆發，普軍大獲全勝，在巴黎凡爾賽宮宣佈統一的德意志帝國成立。美國與德國分別在1879年和1873年宣佈接受金本位制。

日本與中國進入現代化的時間更是驚人地接近，明治維新與洋務運動幾乎同時拉開帷幕：1868年1月3日，西鄉隆盛率2000人從鹿兒島北上，發動「王政復古」政變，推翻了德川幕府的統治，迎回明治天皇，日本進入維新時期。

通過比較便可以得出結論：中國的現代化並不是一場「遲到的運動」，遲到不是落後的理由。洋務運動之所以會功敗垂成，甚至一直到今天，中國仍然沒有成為一個完全的市場經濟國家，則有另外的原因。

以鐵路為例：發展與穩定的取捨

從19世紀60年代到1894年前後，有30年左右的時間，清政府最高決策層就是否要開展洋務事業，陷入了長期而激烈的爭論。正如我們在之前章節中所描述的，及至明清，拱衛中央集權的四大基本制度已「固若金湯」，帝國以拒絕演化的姿態沉迷於盛世幻覺。因此，任何新的變化都可能對既有的制度構成衝擊，而這顯然是危險的。

以修鐵路為例。從1867年之後，朝廷上下就為應不應該修建鐵路吵翻了天。很多大臣認為，鐵路是「驚民擾眾，變亂風俗」的有害之物，修建鐵路逢山開路、遇水架橋會驚動山神、龍王等神靈，招來巨大災難。也有人提出，「以中國之貿遷驛傳」，根本不需要鐵路。

若上述理由可歸於迷信或保守，那麼，連一向支持洋務的曾國藩也反對修鐵路，他的理由就完全出於制度性的考量。在曾國藩看來，鐵路網絡一旦修成，商品流通和人口流動勢必大大加快，那麼，運行數百年、基於男耕女織的小農社會結構將被徹底打破，新的貧富懸殊和社會動盪將可能發生。因而，無論是外國商人還是中國商人，只要修鐵路都將使「小民困苦無告，迫於倒懸」，結果都是「以豪強而奪貧民之利」。曾氏之慮是典型的儒家思維，經濟發展的終極目的，不是繁榮商貿，而是維持均衡，穩定政權，穩定永遠被置於發展之上。

這兩種思考在當時成為精英階層的主流意識，鐵路之爭便不再

是技術之爭，而是意識形態之爭了。1867年6月3日的《紐約時報》就一針見血地評論道：「實施這樣一項偉大工程的最大障礙只能是清朝人民對所有外國人所抱持的敵意，以及他們自己的迷信思想。」歷史學家史景遷認為：「很多中國人認為鐵路會破壞人類與自然的和諧，它們長長地切開大地，破壞了正常的節律，轉移了大地仁慈的力量，它們還使道路和運河工人失業，改變了業已形成的市場模式。」①

1880年年底，修建鐵路之議又起。劉銘傳、李鴻章分別上書力陳修路之必要，李氏「我朝處數千年未有之奇局」的警語便出現在這份《妥議鐵路事宜折》中。可是，修路一事還是被頑強擋住。有人甚至上奏指責劉、李兩人看上去很像是一對「賣國賊」。朝廷發上諭，駁回劉、李兩人的建議。李鴻章仍然不甘心，他悄悄動工修建了開平煤礦至胥各莊段的運煤鐵路，1881年年底，這條約11公里的鐵路建成後，他才正式奏報清廷，並有意將其說成是「馬路」。更有意思的是，鐵路修成後遭到了地方官吏和民眾的強烈反對，一度只好棄用聲響很大的蒸汽機車頭，而用牲畜來拉運煤車，真的成了一條不倫不類的「馬路」。到1891年，疆域遼闊的大清帝國鐵路零落建設，總共才只有360餘公里而已。相對比，小小日本國的全境鐵路長度已超過3300公里。

---

① 史景遷：《追尋現代中國》，黃純豔譯，上海遠東出版社2005年版，第302頁。

以輪船招商局為例：國營與民營的取捨

如果說最高當局在意識形態上作繭自縛，那麼，開明的洋務派則受困於官民之爭。這在輪船招商局一案中淋漓體現。

1872年，李鴻章為了在長江航運中抵抗外國輪船公司的勢力，決意創辦輪船招商局。籌備之初，面臨缺錢少人的困境，李鴻章授意盛宣懷擬定章程，提出「官督商辦」的企業制度，「由官總其大綱，察其利病，而聽該商董等自立條議，悅服眾商」。這是近代中國第一個規範意義上的公司章程，意味著政府與商人在資本的意義上第一次實現了對等。在李鴻章、盛宣懷的感召下，唐廷樞、徐潤及鄭觀應等著名買辦相繼入局，投資並致力於公司的經營。經過十年左右的經營，輪船招商局在長江航運業務中擊敗美國和英國船務企業，取得驕人業績，李鴻章視之為從事洋務事業後的「最得手文字」。

在民間資本和人才的熱烈參與下，十多年的時間裏，從造船業、採礦業、紡織業到航運業、保險業等，出現了許多「中國第一」的新興企業。從1882年到1887年，在《申報》上刊載過股票買賣價格的共有36家企業，它們是近代中國的第一批股份制企業。這是洋務運動的第一個小陽春。

然而，便在此時，官商矛盾出現，唐廷樞、徐潤、鄭觀應等人認為「官款取官利，不負盈虧責任，實屬存款性質」，如今企業已上軌道，政府自應退出，三人聯名呈報李鴻章，希望將官款「依期分還」，政府不必再派官員，招商局的盈虧責任從此由商人承擔。

　　這一建議在李鴻章看來是無法接受的。這裏面潛藏著洋務運動的一個內在邏輯衝突。

　　洋務派辦洋務的唯一目標是「強兵富國」，因此在李鴻章看來，政府若從事商業，必須握有經營的主導權，並成為最大的獲益者。引進民間資本及買辦人才，都是資源缺乏情況下的權宜之計。然而，當民間的經濟能量被啓動後，又一定會提出放鬆管制的市場化要求。在這種情形之下，政府與民間的矛盾定會交織爆發。整個洋務運動時期，這一矛盾從來沒有被化解。

　　1884年，上海爆發金融危機，房價大跌，徐潤、鄭觀應等人曾利用主管招商局財務之便，私自挪用鉅款炒作房地產，這時醜聞東窗事發。李鴻章乘機將這些買辦「淨身出局」，盛宣懷以官方代表身份，兼任督辦和總辦。徐潤等人成為第一批因體制衝突而「犧牲」的「國營企業經理人」。

　　在後面的講述中，我們將看到，在百年現代化歷史上，先後出現過六次重要的「國進民退」事件，1884年的輪船招商局事件乃是第一起。美國華裔學者郝延平將此視為「官僚資本主義產生的轉捩點」，他在《中國近代商業革命》一書中評論道：「1883年以後，不幸以盛宣懷為首的官僚緊緊掌握了官督商辦企業(他們是中國工業化的早期先鋒)，在中國工業發展中，官僚主義開始比企業家精神起著更重要的作用。」[①] 楊小凱在《百年中國經濟史筆記》中，

　　[①] 郝延平：《中國近代商業革命》，陳潮、陳任譯，上海人民出版社1991年版，第373頁。

更是從制度建設的角度進行了反思：洋務運動是在政治法律制度意識形態不能根本變革的約束下進行的，因此以堅持清朝政府的政治壟斷，沒有司法獨立和保護私人企業的法律制度為基礎。洋務派官員堅持官辦、官商合辦、官督商辦的制度，以此為基礎來模仿發達國家的技術和工業化模式。這種方法使得政府壟斷工業的利益與其作為獨立第三方發揮仲裁作用的地位相衝突，使其既是裁判，又是球員，因此利用其裁判的權力，追求其球員的利益。這種制度化的國家機會主義使得政府利用其壟斷地位與私人企業爭奪資源，並且壓制私人企業的發展。

輪船招商局事件後，洋務派官僚與新興企業家階層的「蜜月期」就此結束。在以後十餘年中，洋務官僚為工業企業籌集資金變得更加困難，當時清政府的財政來源十分有限，全部稅收僅占國民純收入的2.4%，民間資本的失望，使得洋務派的投資手筆越來越小。

中日對比：洋務運動與明治維新

在東亞地區，日本是中華帝國唯一從來沒有征服過的國家。在百年現代化的歷程中，中國與日本有三次站在相同的「成長線」上。第一次是19世紀70年代，兩國幾乎同時開始了洋務運動和明治維新；第二次是1945年，日本戰敗，中國抗戰結束，兩國俱受到巨大的戰爭創傷；第三次便是當前，兩國經濟總量相當，分列全球第二和第三。

　　日本在維新之初，也試圖「西爲日用」。吉田茂在《激蕩的百年史》中寫道：在出發之前，日本的改革家們曾預想用「西方的技術、東方的道德」或者是用「西方的學識、日本的精神」作爲日本變革的方式。[①]然而1871年12月的一次歐美考察，徹底顛覆了變革者的觀念，讓他們意識到，「這樣的方式與實行近代化是相背離的」。伊藤博文描述自己的震驚是「始驚、次醉、終狂」，他認定：「國家富強之途，要在二端，第一開發國民多數之智德良能，使進入文明開化之域。第二使國民破舊日之陋習，不甘居被動地位，進而同心協力於國家公共事務，建設富強之國家。」

　　在這一理念的引領下，日本進行了全方位的改革。先是改革教育制度，政府成立文部省，陸續發佈《學制令》、《教育令》和《帝國大學令》，奠定了近代學制。第二是進行大膽的憲政變革，廢藩置縣，摧毀了所有的封建政權，同時組建議會，實行立憲，「萬事決於公論」。明治政府於1885年實行內閣制，翌年開始制憲，1889年正式頒佈憲法，1890年召開第一屆國會，從而確立了君主立憲的新體制。

　　在經濟改革上，1870年12月，明治政府設立工部省，負責「監督和管理一切礦山；建設和保養一切鐵路、電報線和燈塔；製煉和鑄造各項企業使用的銅、鐵及鉛礦，並從事機器製造」。其後十

---

　　① 吉田茂：《激蕩的百年史》，孔凡、張文譯，世界知識出版社1980年版，第22頁。

餘年，日本相繼開辦了橫須賀製鐵所、橫濱製鐵所、長崎製鐵所、關口大炮製作所、石川島造船所等國營企業，其景象可以與清王朝的洋務運動相互輝映。19世紀80年代中期，就在李鴻章將輪船招商局重歸官僚管制的同時，在日本則出現了一次十分堅決的民營化，明治政府認識到國有官營弊端太大，便毅然改弦更張推行民營化，明治維新啓蒙者福澤諭吉疾呼：「政府若爲了富國，就認爲可以做任何事情，與人民從事相同的尋常事業，甚至與人民競爭工商之成敗，其弊極矣。」伊藤博文則認爲，明治政府創辦各種企業的目的之一，就是「示以實利，以誘人民」，當這些工礦企業在引進先進的生產技術和設備以及培養技術工人方面完成了歷史使命後，政府就應該把這些官營企業售給民間商社。

正是在這種思路的引導下，政府相繼把許多國營的工廠轉賣給私營企業家。日本的這次國企私營化過程也非一帆風順。大野健一在《從江戶到平成》一書中記錄道：「除軍需工廠之外的國營企業均被私營化。此時，對於國有資產被賤賣給一些有勢力的商人（如五代友厚等）一事，使日本國內輿論譁然，罵聲四起，到了1881年竟發展爲政治醜聞。但事實是，私營化後的很多企業均通過裁員和追加投資等措施扭虧爲盈。」私營化運動導致了日本經濟的快速成長，並出現了三井、三菱、關西鐵路等財閥型私人企業。1895年，在甲午海戰中獲勝的日本獲賠白銀2.6億兩，加上擄獲的戰利品和現金，合銀3.4億兩，相當於日本全國年財政收入的6.4倍。此筆鉅資被大量用於修築鐵路，發展航運業、造船業和機械製造業，明顯提高了交通和工業水準。同時，日本乘機進行幣制改革，建立起與

國際金融體系接軌的金本位制。[①] 中日國力差距從此越拉越大。

正是兩種不同的路徑選擇，導致了這兩個東亞國家後來截然不同的國運。

商人與知識精英在體制外「會師」

洋務運動的第二個小高潮出現在1894年。

甲午戰敗給全體國民以極大刺激，梁啓超嘗言：「喚起吾國四千年之大夢，實則甲午一役始也。」從此，以知識份子爲主的維新派取代以中高級官吏爲主的洋務派，成爲變革的新主流，而工業化運動也由政府推動進而變爲民間崛起。據汪敬虞在《中國近代經濟史》中的統計，從1895年到1898年的4年中，全國各省新開設的資本萬兩以上的廠礦共62家，資本總額1246.5萬兩白銀，遠遠超過甲午前20餘年的總數，從增長速度來看，平均每年設廠數超過甲午前的7倍，平均每年的投資數則超過15.5倍。 [②]

對於四大利益集團中的有產階層而言，劃時代意義的變化是出現了高級知識份子集體下海經商的景象，這其實意味著中國資產階級作爲一個有獨立思考能力的群體的正式出現，其標誌性的事件有二。

---

① 大野健一：《從江戶到平成》，臧新遠譯，中信出版社2006年版，第36頁。
② 汪敬虞主編：《中國近代經濟史》，人民出版社2000年版，第1504頁。

　　一是南通人張謇創辦大生紗廠。這位1894年的恩科狀元以「捨身喂虎」的勇氣下海經商，並在短短幾年內創建十餘家關聯企業，成為全國最大的紡紗工廠和民資集團，其對社會的激蕩效應難以估量。費正清在談及「張謇現象」時指出，19世紀末，其實中國還沒有資產階級，「相反，正是這些維新派首創了資產階級，或者可以說是發明了資產階級。像張謇等士紳文人在中日甲午戰敗以後之所以突然開始投資辦現代企業，主要是出於政治和思想動機。他們的行動是由於在思想上改變了信仰或者受其他思想感染所致。……中國的資本主義長期以來具有某種出於自願的理想主義的特點」。①

　　二是商人在「東南互保」中扮演重要角色。1900年，北方爆發反對帝國主義列強的義和團運動，慈禧試圖借勢驅洋，貿然對列國開戰，八國聯軍攻入北京，慈禧攜光緒西逃，是為「庚子國變」。為了防止戰火南延，李鴻章、張之洞、劉坤一及袁世凱等南方四大總督對列國提出「自保疆土，長江及蘇杭內地的外國人生命財產，由各督撫承諾保護，上海租界的中外商民生命財產，則由各國共同保護」的「東南互保」方案，張謇、盛宣懷、湯壽潛和沈曾植等人以民間身份斡旋於四大督撫和八國公使之間，最終達成妥協。在近現代史上，這是新興的企業家階層第一次公開參政，在政治上展現了自己的智慧和能力。同時也意味著中央政權至高無上的權威已經

---

　　① 費正清、劉廣京主編：《劍橋中國晚清史（下卷）》，中國社會科學院歷史研究所編譯室譯，中國社會科學出版社1993年版，第673—674頁。

瓦解，皇權隕落，只是一個時間和方式問題。

「庚子國變」後，清廷簽下了喪權辱國的《辛丑條約》，向列強賠款4.5億兩白銀，分39年付清，本息共計9.8億兩，當時清政府的年財政收入約為8800萬兩，也就是說，條約規定的賠款相當於11年的全國財政收入總和，中央財政已實質性破產。代表朝廷簽約的李鴻章被國人視為「千古罪人」，過去30餘年致力於實業興國的洋務派在民間信用盡喪。

此後，慈禧突然「激進」地推動制度建設和經濟開放。1903年7月，朝廷設立商部，成為中央政府制定商事法及相關法律的主要機構，1904年1月，頒佈《欽定大清商律》，包括《商人通例》9條和《公司律》131條，這是現代意義上的第一部公司法。之後又相繼頒佈《破產律》和《試辦銀行章程》、《大清礦務章程》等。這些法律的擬訂和發佈，建立了第一套比較完整的商法體系，意味著在中國沿襲千年的特許主義，被現代商業的準則主義取代。在政策推動下，「民之投資於實業者若鶩」，公司創辦數量超過了洋務運動30年國家投資的總額。日本的中國問題專家安原美佐雄因此斷定，1905年是中國現代工業發展的新起點，即從「國家興業時代」進入到了「國人興業時代」。

同時，商部還仿照西方國家和日本的商會模式，頒佈實施《商會簡明章程》，宣導各地商人設立商務總會和分會。在此後的數年內，各地商會如火如荼，甚而控制產業及輿論，甚至部分地承擔了政府的經濟管理功能，成為一股活躍於民間的獨立力量。1907年，全國80個重要的城市商會代表聚集上海，倡議成立了華商聯合會，

全國商會息息相關，聯成一體。到1911年，全國各種商人組織近2000所，會董2.3萬人，會員達20萬人之眾。

在商人階層壯大及獨立的同時，知識精英也被「釋放」到體制之外。在1905年，最重大的國內事件是廢除有1300年歷史的科舉制度，其決策過程非常匆忙，9月，張之洞、袁世凱等人會銜上奏，當月慈禧就下旨准奏。廢除科舉制一方面讓中國精英階層從落後、刻板的孔孟儒學中徹底解放出來，在知識體系和思想體系上向現代文明靠近；另一方面，也意味著集權者失去了對全民思想及精英階層的控制。科舉制的廢除，熄滅了一代知識青年對帝國的最後一絲眷戀，精英階層從科舉的既定軌道中散溢出去，很快衍生了一股反對的、無從把控的力量。一個可比照觀察的事實是，1977年，中國進行改革開放之初，最早的一個變革措施就是恢復高考制度，將潛在的不滿及反對力量納入統治體系之內。在敏感的社會轉軌時期，一廢一復，頗可參研。

當商人與知識精英在體制的大門外「會師」之後，對既有權力結構的挑戰便成為必然。

立憲運動：政治改革與經濟改革的選擇

正是在這樣的時代氛圍中，洋務運動進入第三個階段，變革主題由經濟領域迅速地向政治領域推進。

1904年，張謇為張之洞起草《擬請立憲奏稿》，一時間「奏請立憲之說，喧傳於道路」，一場意在仿效日本的立憲運動拉開帷幕。

也就是說，在市場化的經濟改革行至半途之際，政治改革的需求呼
之即出。與此同時，以孫中山為首的革命黨人則試圖以武力推翻帝
制，改良與革命開始一場驚險的較量。

在朝野的共同推動下，1906年9月1日，慈禧終於下達「預備立
憲詔書」，同年11月，張謇等人在上海成立預備立憲公會，入會
者都是一時精英。侯宜傑在《二十世紀初中國政治改革風潮：清末
立憲運動史》一書中用大量的事實證明，體制外文人及商人階層是
立憲運動最強大的推動力。在推動立憲的過程中，各級商會形成網
絡，並逐漸學會英國式商會的自治和民主管理。在預備立憲公會等
組織中，商人占明顯優勢。如侯宜傑所言，商人們認識到「今日中
國之政治現象，則與股份公司之性質最不相容者也。而股份公司非
在完全法治國之下未由發達，故振興實業之關鍵在於通過立憲確立
法治，限制政權，保障民權來改良政治環境與政治組織」。 ①

在民間熱情被徹底調動起來的環境中，根本沒有做好心理和制度
準備的中央政府處在了無比尷尬的境地。在兩年多的時間裏，朝廷
一再拖延召開國會的時間，甚至以「明圖煽動，擾亂治安」的罪名
查禁各地的立憲社團。民間失望情緒濃烈。1908年11月，光緒、慈
禧在兩日內相繼去世，朝野失去談判的「最大公約數」。之後執政
的「皇族內閣」全面排擠漢人大臣，武力彈壓各地的立憲請願

---

① 侯宜傑：《二十世紀初中國政治改革風潮：清末立憲運動史》，中國人民大學出版社
2009年版，第113頁。

活動。

就這樣，清政府儘管在經濟改革上表現出超乎尋常的激進和開放，但是在政治改革上則猶豫搖擺和缺乏遠見，它相繼失去了洋務派、維新派、知識份子以及工商階層——幾乎所有群體的信任，顛覆式革命已成必然之勢。

1911年，清政府宣佈鐵路國有化。甲午之後，大興鐵路漸成熱潮，朝廷將之當成國策，民間看到巨大利益，國際資本也不甘失去機會，於是，鐵路成了各方爭奪和博弈的最大熱點。從1904到1907年間，各省成立18家鐵路公司，其中，13家商辦、4家官商合辦或官督商辦，僅有1家為官辦，數以十萬計的民眾購買了鐵路股票。國有化政策對保護民間股份毫無考慮，政府只還給民間股東六成現銀，另四成為無息股票，也就是說，投資人不但沒有任何的投資收益，還承擔了四成的損失風險。在中國的現代化歷史上，這是繼1884年李鴻章奪權輪船招商局之後，又一起嚴重的「國進民退」事件。

「路權回收令」頒佈後，各省商民群起反抗，其中以湖南和四川最為激烈，長沙群眾舉行萬人集會，並號召商人罷市，學生罷課，拒交租稅以示抗議。四川組織保路同志會，宣誓「拼死破約保路」。四川總督槍殺數百請願群眾，民變驟生。清朝廷緊急抽調湖北新軍馳援四川，導致武漢空虛，10月10日，在同盟會的策動下，數百新軍發動起義，星火頓時燎原。這就是推翻了千年帝王統治的辛亥革命。

洋務運動的制度性遺產

法國思想家托克維爾嘗言：「對於一個壞政府來說，最危險的時刻通常就是它開始改革的時刻。」① 洋務運動在實務層面取得了重要的成就，它全面重構了中國的產業格局，打下了一個基本完備的工業化基礎，洋務派修建了鐵路，架設了全國性的電報網絡，建成了亞洲最大的鋼鐵聯合體和船舶製造工廠，創辦了銀行和保險公司，勘探及開發全國礦產，擬定了第一份股份制公司章程，催生了第一部《公司律》。但是，洋務運動的先天性缺陷使它無法讓中國真正地告別過去，我試從制度建設的角度提出它的四條缺陷。

其一，缺乏制度上的頂層設計。

與之前乃至以後的經濟大變革相比，洋務運動最特別之處是，它並非由中央政府自上而下地發動，而是由一些在地方任職的漢族官員自發地、缺乏組織性地各自展開，李鴻章、張之洞、左宗棠、袁世凱、盛宣懷等洋務派官員從來沒有真正執掌過朝政，而慈禧及滿族大臣則首鼠兩端，一味以「維穩」為第一要義。因此，洋務派無法從體制設計的高度來完成制度性的頂層設計，變革的隨機性很強，常常因人而異，非常容易變型或被打斷。

---

① 托克維爾：《舊制度與大革命》，馮棠譯，商務印書館1997年版，第210頁。

其二，從未涉及財政、貨幣和土地政策。

這三大元素是歷代經濟變革的核心命題，成敗得失俱因之於此。可惜的是，整個洋務運動時期，財政狀況持續惡化，白銀體系風雨飄搖，土地改革無從談起，所有的變革只密集地發生在工業經濟的領域裏，我們可以視之為「增量改革」，而增量對存量沒有形成根本性的替代效應，因此，變革雖然轟轟烈烈，卻無法造成社會機制的轉變，李鴻章晚年自嘲為風雨飄搖中的「裱糊匠」，確是實情。

其三，洋務運動不是一個普惠性的經濟振興運動。

從四大利益集團的獲益分配來看，洋務運動本質上是一次有利於地方和工商階層的分權式改革。對於億萬基層民眾來說，經濟改革如久旱聞雷聲，雷聲頗隆，卻滴雨未落，因此缺乏對改革的支持熱情。尤為關鍵的是，中央政府從來沒有在改革中得到經濟利益，在整個工業化過程中，朝廷的收入仍然依賴於農業稅、鹽稅和關稅，在最高執政集團看來，他們既要承擔改革的成本風險、制度風險，又要承擔道德風險，卻看不到政權因此鞏固的跡象，甚至到後期，改革訴求已儼然危及政權本身。所以自始至終，朝廷一直對改革抱持敵意和戒心，成為最被動的一個集團。相對的，那些啟動或參與改革的人倒成了最大的獲利階層，盛宣懷、李鴻章家族都因此富甲一時，成了權貴貪腐的典型。

其四，現代化有餘，現代性不足。

任何經濟變革都是政治理念在經濟領域的投射性體現，經濟制度是政治制度的影子，影子無法背叛本體。早在19世紀70年代，

李鴻章就認定「中國文武制度，事事遠出西人之上，獨火器萬不能及」。到1894年，張之洞仍然提出「中學為體，西學為用」，二十餘年思想幾無進步。因而，政治體制的改革嚴重滯後。等到民間喧囂於立憲之際，政府卻沒有任何的預備，一味拖延彈壓，導致溫和改革的「時間窗口」猛然關閉。

兩個民國：
從極度自由到「統制經濟」

第九講

兩個民國：
從極度自由到「統制經濟」

　　民國時期長38年，只比隋朝多了一年。這38年中，其實有兩個民國：1911年到1927年的北洋民國，1927年到1949年的國民黨民國。這兩個民國在經濟上進行了兩次截然不同的試驗：第一次是大自由、大混亂的試驗，第二次是重歸中央集權的試驗。國民黨把它的宏觀經濟治理模式稱為「統制經濟」，即有計畫的商品經濟，或者說是國家資本主義。

　　民國初建的時候，無論是政治制度、國民思想還是經濟制度，一切堅硬壁壘都煙消雲散了，那是中國知識精英階層思想最混亂和最活躍的時期，他們不相信兩千多年來所形成的文明體制能夠繼續帶領我們往前走，所以要切斷身上的尾巴，反對一切傳統，與祖宗告別，要「打倒孔家店」，甚至有人提出要廢除漢字，從此不讀中國書。如此激烈的文化姿態是春秋時期以來前所未見的。

四個基本制度的全面崩壞

　　民國時期，維持大一統的四個基本制度出現了全面的崩壞。從

孫中山和袁世凱起，中央就對地方失去了完全的控制力。1916年袁世凱去世後，地方軍閥更是脫離了北京的領導，擁兵自重，以鄰為壑，宣導「聯省自治」。對全民思想的控制也鬆動了，年輕人懷疑和摒棄一切傳統，「四書五經」皆成腐朽之物，連孔夫子都被打倒在地了，除了宗族意識之外的民間知識及信仰體系日漸疏鬆。社會精英則全部流散到了體制之外，自科舉被廢除後，再沒有行之有效的官員選拔和推舉制度，人才在民間大流動，獨立的知識份子階層在春秋之後再一次集體出現，成為統治系統外的活躍力量。在宏觀經濟治理方面，由於產業資源被民間掌握，政府對關鍵性行業的控制力降到了最低，出現了放任自流的市場經濟。

基本制度的全部瓦解，意味著中央集權已沒有任何著力點。這是自「五胡亂華」的南北朝以來，1400年間第一次出現「中央權力真空」。於是，這段時間成了一個絕對自由，而自由又變得十分嚇人的時代。在思想史上，這是春秋戰國、魏晉南北朝之後的第三次思想大解放時期，百花齊放、百家爭鳴，其間湧現出的傑出人才燦若星河，許多影響深遠的思想家、藝術家、軍事家都出現於這一階段，重要的五四運動爆發於此際，中國共產黨亦誕生於此際。

延續了兩千年的舊的治理模式不復存在，然而，在大動盪的同時，建設性的理論和模式卻沒有出現，共和政體在中國的誕生，很像一個匆忙製造的「仿製品」。

空前強大的民營經濟

在北洋政府時期，民間企業家空前活躍並控制了重要的產業領域，國史之上，與之堪對應的，僅有漢初的「文景之治」。在產業上，出現了一些重大的變化。

最重要的事件是金融業的民營化。

一個國家是不是一個完全的市場經濟國家，金融業的自由化程度是關鍵性指標。1915年，袁世凱稱帝，蔡鍔在南方起義，北洋政府為擴大軍備，大肆印發巨額鈔票，導致紙幣貶值，財政部為應付危機，宣佈將兩大發幣銀行——中國銀行和交通銀行合併，期間兩行停止兌付。中國銀行上海分行公開違抗停兌令，這就是經濟史上非常著名的「中行事件」。袁世凱稱帝未遂身死，與副總統馮國璋關係密切的梁啓超被任命為財政總長，在他的全力支持下，中國銀行成立股東會和董事會，總裁、副總裁從選舉產生的董事中選拔，同時擴大招募商股，經過三次擴募，到1922年，民營資本已占股本總額的99.75％，昔日的中央銀行竟然就此實現了完全的民營化。受中行模式影響，交通銀行也由官辦變民營。

中國銀行的股東們還把總部遷到了上海，當時的經濟界有一個共識，即希望學習美國，將政治中心與經濟中心南北分立，以免互擾。上海的12個銀行家還發起組建了上海銀行公會，這些銀行家大多出生於19世紀80年代，此時年齡不到40歲，而且全數受過現代金融教育，多數畢業於歐美或日本的名校。在他們的斡旋下，各地公會聯合組成了全國銀行總會，它成為一個可以與北京中央政府公開

博弈、直接影響金融政策的銀行家集團。有一例可見他們的獨立性和影響力：1920年秋，中央政府決定發行政府債券，上海銀行公會以舊債券清償不力爲理由，拒絕認購所有債券。中央政府只好派代表與銀行家們談判，最後同意建立統一的國債基金會，將關稅餘額作爲償債基金，再由英國人掌控的海關總稅務司作爲第三方進行管理。中央權威一地雞毛，可見一斑。

除了金融業，企業家集團還控制了重要的生產資料市場。

當時中國的工業經濟中，紡織業和麵粉業爲最大產業。1910年之後的十年間，日本商人一度控制了這兩大產業的現貨和期貨交易市場，在1919年的「五四運動」之後，榮宗敬等人相繼組建了由中國商人參股的麵粉交易所和紗布交易所，所有會員齊聚一堂，宣誓與日商決裂，由此奪回了生產資料的價格控制權。1920年7月，虞洽卿創辦上海證券物品交易所，票券、棉花、布匹、糧油等均可在此交易，是爲中國第一家正規的證券物品交易市場。

在空前自由的市場環境中，湧現出一大批在當時全球商業界都堪稱一流的企業家，如棉紡和麵粉業的榮宗敬、榮德生兄弟，紡織業的張謇和穆藕初，航運業的盧作孚，銀行業的張公權和陳光甫，化工業的范旭東，火柴業的劉鴻生，水泥業的周學熙，百貨業的郭樂和馬應彪，出版業的張元濟，等等。

在這一時期出現的實業投資熱，是中國的第二次工業化浪潮。與上一輪的洋務運動時期相比，它有明顯不同的特徵。洋務運動的主角是洋務派大臣以及附庸於他們的官商，其工業化的特點是對軍事工業的關注，優先發展重工業，以國營資本爲主力，創辦大型企

業爲主軸，到後期則把重點放在鐵路、礦務和鋼鐵等資源性領域。洋務運動因而奠定了中國近代重工業的基礎。此次工業化則是一次民營資本集體崛起的盛宴，它的主角是以贏利爲主要動力的新興企業家，他們投資的產業主要集中於民生領域，以提供消費類商品爲主，面大量廣的中小企業是最有活力的主流力量。在此期間，中國完成了輕工業和服務業的佈局。這一特徵與1978年之後的中國民營公司的成長路徑驚人的類似。

中國民族經濟的基礎，就是在這一時期基本奠定的。從經濟增長率的數據上看，儘管有不同的統計結果，但是，高速增長是一個不爭的共識，根據國內學者的計算，工業增長率在1912年到1920年間達到13.4%，1921年到1922年有一短暫蕭條，1923年到1926年爲8.7%。[1] 美國的經濟史學者湯瑪斯・羅斯基指出，1912年到1927年中國的工業平均增長率高達15%，在世界各國中處於領先地位。在近百年的現代經濟史上，這樣的高速增長期只出現了三次，其餘兩次分別是20世紀50年代的第一個五年計畫(1953—1957年)和1978年之後的改革開放時期。

地方自治的試驗

中央集權贏弱，意味著地方自治空間的加大。北洋政府時期出

---

① 楊小凱：《民國經濟史》，《開放時代》2001年第9期。

現了三種自治的試驗：

一是軍閥自治。如張作霖父子在東北、閻錫山在山西、李宗仁在廣西、陳炯明在廣東，都進行了大規模的經濟建設，號稱「模範省"。其特點是：產業務求完備，自成一體；注重農業、教育和基礎設施投資；以鄰為壑，家國不分。這都是諸侯經濟的典型表現。如統治山西三十餘年的閻錫山曾創作《努力實現歌》：「無山不樹林，無田不水利，無村不工廠，無區不職校，無路不整修，無房不改造，無人不勞動，無人不入校，無人不愛人，無人不公道。」宛如桃花源或社會主義的理想圖卷。他在山西境內修鐵路，刻意不採用1.435米的標準軌道，而修1米窄軌，其意就是「閉門成市」。

二是商人自治。民國初年，各地的諮議局以及商人總會擁有財力和武裝力量，聲勢強大。1923年3月，漢口總商會向國內各主要城市的商會發出了一份《保護商埠安全議案》，提出仿效中世紀歐洲的漢薩同盟，建立一個「真正的城市聯盟」。1924年，直系、皖系軍閥交戰，上海的行政體系全數癱瘓，時任總商會會長的虞洽卿發動聲勢浩大的募捐活動，平定混亂局面，他大膽提出「廢使、撤兵、移廠」三項主張，要求建立上海非軍事區，段祺瑞政府任命虞洽卿為淞滬商埠會辦，一時成為上海最高行政首腦。在以後的三年裏，總商會成了上海的實際管理機構。企業家階層的參政和自治理念得到了自由派知識份子的呼應，胡適、丁文江等人提出了「好人政府」的概念，所謂「好人」，就是知識份子和企業家階層，「即以從事農工商業及勞動者執政，而除去現在貴族軍閥官僚政客等無職業者執政」。

三是建設模範城市或實驗公社。此舉以南通張謇爲最傑出的實踐者，從1903年開始，張謇就致力於家鄉南通的城市建設，大生紗廠的很多利潤都被他投入到了公共事業上。張謇在這裏創辦了中國最早的師範學校、話劇劇場和圖書館，南通成爲當時全國最出名的新興城市之一，梁啓超稱之爲「中國最進步的城市」。1922年，朱葆三在上海郊區購置1000畝地，設想建造一個類似南通的實驗城。而榮家兄弟則嘗試著在無錫的工廠裏搞一個「勞工自治區」。後世以他們爲榜樣的，有重慶北碚的盧作孚和福建集美的陳嘉庚等。

從1894年張謇下海從商到1924年虞洽卿「會辦」上海，這30年是中國商人階層的光榮時期，他們逐漸控制了幾乎所有的重要產業，並在民間擁有強大且正面的影響力——1922年，北京、上海的報紙舉辦「成功人物民意測驗」，投票選舉全國「最景仰之人物」，70歲的張謇得票數最高。兩千年以來，商人階層在國家事務中的重要性，此前從未達到過如此的高度，之後也望塵莫及。

然而，由軍閥、商人及自由知識份子共同參與的這些自治試驗，最終都被證明是無效的。其根本原因在於，它們因缺乏廣泛的民眾基礎和政治理論支持，而顯得幼稚和缺乏持續性。在一個現代國家，自治政府及議會制度的眞正確立，需要自由或穩定的社會環境，在那樣的社會內部，各種利益集團以公平協商的方式共存，可是，在20世紀20年代的中國，內亂遠未停止，暴力隨時可能打斷和平的努力。因此，白吉爾把這一時期的失敗，稱爲「一個不自由年代中的自由主義的失敗」，她評論道：「資產階級的作爲，通常顯得模棱兩可，缺乏條理和毫無效力，在某種程度上，是由於它所處

的政治地位的性質不那麼明確的緣故。」①

被歡呼回來的獨裁者

1926年9月，偏踞廣東十年之久的國民黨軍隊在蔣介石的率領下宣誓北伐，竟在短短的一年內就佔領上海、定都南京，繼而攻克北京，迫使東三省「易幟」，在形式上重新統一了中國。中華民國進入國民黨統治的時期。

蔣介石軍事冒險的成功，在政治上，實得益於人民對大一統的渴望。在經濟上，則是自由商人階層在工商衝突中的誤判以及對暴力政治的妥協。

在洋務運動之前，中國並不存在工人階層，隨著近現代工業的成長，勞工人數迅猛增加，在1913年，中國產業工人約60多萬，到1924年前後人數已經超過500萬。誠如馬克思所控訴的，「資本來到世間，從頭到腳，每個毛孔都滴著血和骯髒的東西」，跟所有進入工業社會早期的國家一樣，中國工人的生存現狀是悲慘的，因此，反抗性的罷工事件屢見不鮮，可查的數據顯示，從1914年到1919年「五四運動」前，全國工人罷工108次，尤其是1916年後，罷工次數逐年增加。

---

① 白吉爾：《中國資產階級的黃金時代(1911-1937)》，張富強、許世芬譯，上海人民出版社1994年版，第247、239頁。

　　然而，工人階層從來沒有被看成是一股完整而獨立的力量。只有極少數人意識到了它的重要性，而這些人大多讀過馬克思和列寧的著作，並信服他們所提出的階級鬥爭理論。真正把工人當成一股獨立力量來倚重的正是新成立的中國共產黨。1921年8月，就在建黨一個月後，中國共產黨在上海就迅速成立了領導工人運動的機關——中國勞動組合書記部。1922年5月，勞動組合書記部發起在廣州召開第一次「全國勞動大會」，到會173人，代表110多個工會、34萬有組織的工人。1925年5月，在廣州召開的第二次「全國勞動大會」上，正式成立了中華全國總工會。獨立的工人階級出現了，而共產黨則成了他們的領導者和利益代言人。

　　面對工人階級的崛起，商人集團表現得無所適從，雙方矛盾很快以血腥的方式呈現。1925年5月30日，上海爆發「五卅慘案」，共產黨人領導的總工會與虞洽卿領導的總商會成為尖銳對立的兩大陣營，前者以「打倒帝國主義」、「打倒軍閥」、取締租界等激進目標為號召，鼓動風潮，站在道義的高地之上，後者則試圖「大事化小，小事化無，縮小事態，平息風波」，被基層民眾視為「走狗」和「商賊」。在意識形態的強烈引導下，非常脆弱和不成熟的中國市民社會內部出現了分裂，商人階層與勞工階層突然形成了對立的局面。

　　放眼世界工人運動史，任何進入工業化的國家在轉型期都出現過勞資對立的激烈景象，馬克思認為這是不可調和的矛盾，並因此預言資本主義即將滅亡。正是在這一理論的指引下，20世紀出現了洶湧壯觀的社會主義運動，構成了這一世紀最重要的「人類遺產」。如今看來，馬克思的這一預言並沒有自我實現，絕大多數國

家通過獨立工會制度、社會福利制度以及議會制度等制度建設，解決了這一社會問題。然而，在20世紀20年代中期，中國的商人階層沒有足夠的智慧與耐心，他們選擇了與暴力政治結盟的解決方式。

1927年春天，以虞洽卿為首的上海總商會與新的軍事強人蔣介石達成政治合約：商人向蔣提供足夠的資金，後者則以武力鎮壓「暴亂」的工人組織和共產黨組織。3月26日，蔣介石軍隊進入上海，4月12日就發生了武力鎮壓上海總工會的「四·一二」事件，逾5000人被槍殺或失蹤，這是自鎮壓太平天國運動以來，60多年中最大規模的政治屠殺。從此，共產黨的主要活動向農村轉移，由「工人黨」逐漸演變為極具中國特色的「農民黨」。

在中國現代史上，這是一個具有轉折意義的事件。自晚清以來，從洋務派、維新派到立憲派和自由主義學者，幾乎整整兩代人試圖以漸進變革的方式把中國帶入富強的軌道，甚至到北洋軍閥執政時期，儘管賄選、武力傾軋醜聞不斷，但始終沒有越出議會制度的體系底線。但是，這一原則在1927年的春夏之交，被中國最優秀的商人精英所拋棄。白吉爾評論道：「這些人是資產階級中最擁護民族主義，也最現代化和較具有民主理念的分子……在1927年，中國的資產階級不僅是對無產階級的背叛，同時也是對其自身的背叛，由於他們放棄了一切政治權利，便很容易受到國家權力的打擊，而這種權力又正是由其幫助才得以恢復的。」[1]

---

[1] 白吉爾：《中國資產階級的黃金時代(1911-1937)》，張富強、許世芬譯，上海人民出版社1994年版，第261頁。

國民黨的經濟主張

與北洋政府相比，國民黨政府最大的區別是有主義、有信仰，
對國家治理有系統性的思考和道統上的自信。就經濟主張而言，國
民黨從誕生之日起便是國家主義的信奉者，發展國營經濟，節制民
間資本，乃其一貫的基本經濟主張。在經濟增長模式上，國民政府
推行的是堅定的、優先發展國營企業的戰略。

國民黨政府的計畫經濟思想來源於「國父」孫中山。他歷來主
張大力發展國營經濟，使國家資本在整個社會經濟中占主導地位。
在《孫中山全集》中處處可見類似的表述，「如欲救其弊，只有將
一切大公司組織歸諸中國人民公有之一法，故在吾之國際發展實業
計畫，擬將一概工業組成一極大公司，歸諸中國人民公有」、「何
謂製造國家資本呢？就是發達國家實業是也」、「中國國民黨的民
生主義，就是外國的社會主義」。

孫中山的經濟理論中，最顯眼的是主張土地國有化和實行土地
單一稅。1902年《民報》宣佈革命的六大主義中，第三條就是土地
國有，孫中山還將之與「井田制」聯繫論述，「中國自三代以來，
已有井田之義，我國革命之後成立民主政府，當可借鏡古義而實行
土地國有」。到1912年，孫中山仍然秉持此論，他說：「余乃極端
之社會黨，甚欲採擇顯理佐治氏[1]之主張施行於中國，中國無資本

---

① 今譯亨利·喬治，美國19世紀末期的知名社會活動家和經濟學家，主張土地國有化。

界、勞動界之爭，又無托拉斯之遺毒。國家無資財，國家所有之資
財，乃百姓之資財。民國政府擬將國內所有鐵路、航業、運河及其
他重要事業，一律改爲國有。」①

　　南京國民政府成立後，對外宣示經濟主權，對內強調中央政府
的干預職能，表現出一個集權型政權的基本特徵。

　　1928年7月，美國與國民政府達成協議，同意中國關稅自立。隨
後英、法、日等國相繼宣佈承認中國的海關自主權。1931年，國民
政府廢除了流弊深重的厘金制度。這兩大舉措，爲建立一個統一的
國民經濟體系創造了至關重要的條件。

　　在宏觀經濟政策上，蔣介石主張「中國經濟建設之政策，應爲
計畫經濟」。在政府發佈的《訓政時期施政宣言》中，就明確寫
道：「若夫產業之有獨佔性質，而爲國家之基本工業，則不得委諸
個人，而當由國家經營之。此類事業，乃政府今後努力建設之主要
目標，並將確定步驟，以求實行。以國民急切之需要而言之，必須
首謀開發社會經濟所賴以爲發動之基本工業。」那麼，所謂的「基
本工業」又包括哪些產業領域？在與《訓政時期施政宣言》配套的
《建設大綱草案》中有詳盡的列舉：「凡關係全國之交通事業，如
鐵路、國道、電報、電話、無線電等；有獨佔性質之公用事業，如
水力電、商港、市街、市公用事業；關係國家前途之基本工業及礦
業，如鋼鐵業、基本化學工業、大煤礦、鐵礦、煤油礦、銅礦等，

---

① 張朋園：《梁啓超與清季革命》，吉林出版集團有限責任公司2007年版，第162頁。

悉由國家建設經營之。」所列領域，均爲能源、資源型的上游產業，很顯然，這種思路與晚清李鴻章、盛宣懷的國營理念，乃至以後中國共產黨的經濟政策皆有相似之處。

不過，1928年前後，關於國家主義與自由主義，曾經發生過激烈的爭論。畢竟在過去的十六年裏，民營資本得到了很大的發展，如今改弦更軌，事關重大的國策變更與利益調整。在當年6月份的全國經濟會議上，各項產業議題的討論都出現了分歧，有人主張「遵總理(孫中山)計畫，將鋼礦、油礦及各特種礦收歸國有，以實謀利益均沾政策」、「厲行收歸官辦，實爲治本辦法」，有人則認爲「欲鐵路發達，政府宜放棄國有政策，除個別重要幹路外，悉委諸商辦」、「實施礦業自由主義，並力行監督保護政策」，還有一種妥協的方案是，「由政府韌辦，一旦辦有成效，再行售歸商辦」。

在明確的經濟思想的引領下，理論與口號迅速被文本化爲一個個看得見摸得著的發展計畫與運動，在《建設大綱草案》之後，政府又先後擬訂「基本工業建設計畫」(1928年)、「實業建設程序案」(1931年)、「國家建設初期方案」、「實業四年建設計畫」(1933年)、「重工業五年計畫」(1935年)、「中國經濟建設方案」(1937年)、國民經濟建設運動等。許多大型的冶金、燃料、化工、電氣及軍工企業在這段時間創建，構成了一個國營工業高速發展的高峰期。1928年至1937年，在經濟史上有時候也被稱爲「黃金十年」。在這十年裏，工業經濟增長率平均達到8.7%（也有學者計算爲9.3%），爲現代中國史上經濟增長較快的時期

之一。①

若放眼全球，我們必須說，國民黨的國家主義之所以能夠成為主流選擇，還與當時的世界經濟形勢頗有關係。在20世紀20年代後期，歐洲和北美都爆發了嚴重的經濟危機，各國先後推行國家控制重要產業、優先發展重工業的政策，以「大炮代替黃油」。其中，希特勒在德國、史達林在蘇聯的成就最為巨大，兩個超級軍事和經濟強國相繼崛起。美國也在1929年陷入了著名的「大蕭條時代」，整體經濟水準倒退至1913年，羅斯福擔任總統後實行新政，同樣以國家管制和優先發展重工業為戰略，帶有強烈的國家干預主義傾向。發生在德國、蘇聯以及美國的這些景象，無疑深刻地影響了中國的變革思潮。

擠壓民間資本的五種辦法

南京國民政府成立之後，對自由商人群體的政策性擠壓和剝奪便已開始，儘管這些商人是北伐最大的「金主」，但他們的存在無疑是國營化政策最大的障礙。

打擊是從多個方面分步驟地展開的：一是徹底瓦解企業家的組織體系，二是用看上去無比優惠的國債政策將之完全「綁架」，三

① 費正清主編：《劍橋中華民國史（上卷）》，楊品泉等譯，中國社會科學出版社1994年版，第61頁。

是控制生產資料市場，四是利用經濟危機擴大國營事業，「收官之作」則是銀行國有化。

第一步，組織瓦解。 1927年7月，蔣介石頒佈法令，宣佈所有上海市的商業組織都要受到上海市社會局的監督，行業間一切商業上的爭端，都要由市政府來解決。上海市國民黨黨部成立救國會和商民協會，逐漸取代上海市總商會的職能。國民黨還在報紙上發動攻勢，形成巨大的輿論壓力，總商會被認定為「帝國主義的走狗」，其主事者則是卑劣和可惡的賣國奸商。到1929年，國民黨中央執行委員會以「統一商運」為由，成立上海市商人團體整理委員會，包括上海總商會在內的所有民間商業團體一律停止活動，將一切會務統交由國民黨領導的「商整會」。這一做法被普及至全國各商埠城市，《劍橋中華民國史》一書中評論道：「自19世紀以來使這些組織得以管理各城市社區的發展方向，被粗暴地扭轉了。」[1]

第二步，國債綁架。 北洋政府時期，政府的國債發行十分困難，銀行家們常常以此來要脅政府。金融家出身的財政部長宋子文重新設計了國債發行的規則：當政府宣佈發行一筆國債時，先將這些國債存入認購的銀行，以此從銀行取得現金貸款，一般來說，政府取走的現金相當於存入債券票面價值的一半。同時，允許銀行將債券直接投放到證券交易所進行投機交易。這種優惠的政策讓全中

---

[1] 費正清主編：《劍橋中華民國史（上卷）》，楊品泉等譯，中國社會科學出版社1994年版，第906頁。

國的銀行家趨之若鶩。問題是，當新一輪國債發行時，政府根本無法用現金償還，便以新債抵充舊債，各銀行從此陷入「循環式的陷阱」。根據民國學者章乃器在《中國貨幣金融問題》一文中的計算，到1932年前後，銀行所持有的全部證券中的80%都是政府國債。因為有那麼多錢借給了政府，他們不得不乖順地坐到同一條船上，平等關係從此終結。中國經濟史專家王業鍵因而評論道：「上海銀行家的這種合作不僅解決了政府的經濟困難，而且加強了政府對商業界的控制力量。當各個銀行的保險櫃裏塞滿了政府的債券時，也就是他們在政治上積極參與了這個政權的表現。」 [1]

第三步，控制證券市場。1929年10月，國民政府頒佈《交易所法》，規定每一地區只准有一個有價證券的交易所，其他的交易所一律合併在內。虞洽卿對蔣介石北伐支持最大，此次他的上海證券物品交易所成整頓重點，棉紗交易率先被併入國營的紗布交易所，隨後，證券部分併入證券交易所，黃金及物品交易併入金業交易所，到1933年秋，證券物品交易所被整體併入上海華商證券交易所。

第四步，利用經濟危機，大量收編民營企業。1934年前後，國內爆發金融危機，孔祥熙、宋子文等人乘機把手伸向民營工業，國營事業集團通過接收、控股等手段進入原本以民營資本為主的大量

---

[1] 參見王業鍵：《中國近代貨幣與銀行的演進（1644—1937）》，臺灣「中央研究院」經濟研究所1981年版。

輕工業領域，如煙草業、糧食加工業等。

最後一步，銀行國有化。在1935年之前，中國金融業的主動權仍牢牢握在私人銀行家手中。全國銀行總資產的89%掌握在上海銀行同業公會的成員手中，其中，中國銀行和交通銀行的資產占全國銀行總資產的三分之一。1935年3月，孔祥熙以拯救實體經濟為名，要求同業公會購買一億元的定向國債。其後，他突然宣佈，政府出於管制的需要，要求中國銀行、交通銀行增發股票，一億元國債將不再按原來設想的貸給工商業者作救濟之用，而是要用來購買兩行的股票，政府躍升為第一大股東。此後半年，中國通商銀行、四明商業儲蓄銀行和中國實業銀行等相繼被政府控股，國營資本在全國銀行中的資產比例從不到12%猛增到72.8%。

1935年的銀行國營化，是中國現代化歷程中第三次「國進民退」事件。美國學者帕克斯·小科布爾在《上海資本家與國民政府》一書中寫道：「這次對銀行界的突然襲擊，就政府與資本家之間的關係來說，是南京政府統治的十年中最重要和最富有戲劇性的一次大變化。」① 王業鍵也有類似的觀點，他評論道：「這個事情不僅表明了政府對中國金融界的完全統治，而且也說明了企業家作為一個有力量的階層是終結了。」

正是通過七年的系統性整肅，中央政府重新掌握了國民經濟的

---

① 帕克斯·小科布爾：《上海資本家與國民政府》，楊希孟譯，中國社會科學出版社1988年版，第218頁。

主導權，政治、軍事和經濟的集權效應呈現。1935年11月，在對銀行業完成了國營化改制後，孔祥熙宣佈進行法幣改革，規定從次日起，推行金本位制，全國的貨幣統一為法幣，從此，確立了統一的現代貨幣制度。到1937年，全國有近4000家現代工廠、1萬餘公里鐵路、11.6萬公里公路、12條民航空運線路、8.9萬公里的電話線和7.3萬個郵政局。在經濟建設上，中國已經變成了另外一個國家。

1945年之後的經濟政策失誤

國民黨政府的經濟建設在1937年被日本侵華戰爭打斷，在後來的八年抗戰中，國民經濟遭到毀滅性的破壞。抗戰勝利後，國民政府在舉國人民的熱切期盼之下，由重慶回遷南京，然而時隔不久，這個政權就被人民拋棄，國民黨人在產業政策、貨幣政策、財政政策及土地政策上的失敗值得反思。

「二戰」後，在各淪陷區等待接收的日偽產業約為四萬億元，這幾乎是當時中國的九成家產。在中央政府內部，對敵產的接收模式產生了重大的分歧。

以翁文灝、何廉為首的經濟部擬訂了一份名為《第一個復興期間經濟事業總原則》的方案，其基本的原則是實行「混合經濟」模式，提倡國營、私營和積極引進外資投入的多種經濟成分共存。該方案還特別強調把國營企事業的範圍限定在軍工、造幣、主要鐵路和大規模的能源動力經營以及郵政電信等重要公用事業方面。鼓勵私營企業在政府經濟建設總計畫的指導下發展，並由政府在財政、

運轉設施等方面給予援助，且在實際經營中，享有與國營企業平等
競爭的地位、權利和義務。該方案在最高國防委員會上表決通過，
並公告天下。

　　然而，宋子文領導的行政院和財政部則對該方案持堅決的反對
意見，仍然堅持戰前的統制經濟立場。在他的主導下，一大批以
「中國」爲名號的國營壟斷企業紛紛掛牌誕生，如中國鹽業公司、
中國蠶絲公司、中國植物油料公司、中國造紙公司、中國紡織建設
公司、中國茶葉公司、中國石油有限公司、中國漁業有限公司、中
華水產公司、中華煙草公司，等等。它們以「劃撥」的方式無償
得到了數以千計的、品質最好的資產，據經濟部統計，到1946年6
月，已經接收的2243個工礦企業中，作「撥交」處理的就高達1017
個，標賣給民營的只有114個，還不到接收工廠總數的5%。從產量
計，國家資本控制了全國33%的煤，90%的鋼鐵，100%的石油和
有色金屬，67%的電力，45%的水泥，37%的紗錠，60%的織布
機，此外，鐵路和銀行早已被完全掌握，一個強大而壟斷的國家資
本主義格局全面形成。

　　敵產國營化，可以被看成是第四次「國進民退」事件。楊小凱
在他的《百年中國經濟史筆記》裏評論道：「不幸的是，抗戰勝
利後，這些日本私人資本大多被轉化爲中國的官僚資本，不但在接
收過程中因貪污和不同單位爭奪資產而受損，而且以後成爲官商不
分、制度化國家機會主義的工具……這個國營化也是中國後來制度
化國家機會主義的基礎，它成爲經濟發展的主要制度障礙之一。」

　　國營化政策導致了幾個後果，第一，國營事業效率低下，到

1947年，從日偽接收過來的2411個工業企業，只有852個實際上恢復了生產。第二，民間企業家階層對政府徹底失望。當時最大的私營集團控制人榮德生向政府上書，他寫道：「若論國家經濟，統治者富有四海，只須掌握政權，人民安居樂業，民生優裕，賦稅自足⋯⋯能用民力，不必國營，國用自足。不能使用民力，雖一切皆歸官辦，亦是無用。因官從民出，事不切己，徒然增加浪費而已。」榮德生的這段表述可圈可點，至今是普世道理，可惜不為當政者聞。第三，工業蕭條造成失業人口大量增加，城市罷工事件猛增。在抗戰開始前的1936年，全國有記載的罷工及勞資爭議為278起，可是到1947年，光上海一地就達2538起，蘇珊娜・佩珀在《劍橋中華民國史》中寫道：「政府經常指責工人鬧事是共產黨職業鼓動家促使的。⋯⋯然而，這些爭論問題是現成的，任何人都可有效地加以利用。」[1]

相比產業經濟上的國營化運動，中央政府在貨幣政策上的失誤更加嚴重。

戰時，在中國市場流通的貨幣主要有兩種，一是重慶蔣政府的法幣，一是南京汪偽政府的中儲券，在1945年，兩者的兌換比率大體是1：50。11月1日，官定兌換率開始實行，比值卻是1：200。此案一出，2.57億的淪陷區人民幾乎在一夜之間集體破產，上海流行

---

[1] 費正清、費維愷主編：《劍橋中華民國史（下卷）》，劉敬坤等譯，中國社會科學出版社1994年版，第846頁。

民謠曰：「昨天放炮(爆竹)，今天上吊。」此次兌換政策的失誤後患無窮，它不但讓數億人對蔣介石政權信心大失，而且直接導致了全國性的通貨膨脹，貨幣政策變得彈性頓失。

解放戰爭爆發後，中央財政完全被軍費綁架，而實體經濟又復甦乏力，於是政府採取了極其寬鬆的貨幣政策，1947年，法幣發行量達30多萬億元，為上一年的10倍，比1945年增長了25倍。到1948年的第二個季度，已發行法幣660萬億元，三年猛增1180倍，相當於抗戰前夕發行額的47萬倍。亂發鈔票的結果就是，引發了中國當代史上最嚴重的惡性通貨膨脹。民國一代最傑出的銀行家之一張公權日後在他的著作《中國通貨膨脹史》中評論道：在以城市經濟為爆發中心的通貨膨脹中，受傷最嚴重的是軍人和公務員，因為政府提薪的速度永遠趕不上物價的上漲速度，這直接導致了執政效率的下降和吏治敗壞。[1]

1948年8月，國民政府被迫改組內閣，宣佈停用法幣，進行金圓券改革，全國物價一律凍結在8月19日水準，是為「八‧一九限價」。為了防止權貴和投機商人囤積居奇，擾亂改革，蔣介石之子蔣經國親自督陣上海，宣誓「打虎」。可是，此時的黨紀國法已徹底敗壞，「老虎」打到孔祥熙長子孔令侃控制的揚子公司便打不下去了，到11月1日，行政院公開承認經濟改革失敗，內閣總辭職，物價呈現報復性上漲的態勢，經濟極度混亂，國事終不可為。

---

① 張公權：《中國通貨膨脹史》，文史資料出版社1986年版，第42—45頁。

在產業政策、貨幣政策和財政政策連續失誤的情形之下，國民黨政府在另外一個重要的經濟領域——土地改革上無所作為，輸給了自己的對手共產黨。1947年9月，共產黨公佈《中國土地法大綱》，宣佈沒收地主的土地財產，徵收富農多餘的土地財產，將之平均分配給無地少地的農民，實行「耕者有其田」的土地制度，其中第十一條明確規定：「分配給人民的土地，由政府發給土地所有證，並承認其自由經營、買賣及在特定條件下出租的權利。」亦即承認改革後的土地私有性質。

就這樣，戰後短短五年間，國民黨政府在敵產國營化中失去了私營企業家的支持，在貨幣改革中失去了城市居民的支持，而在土地改革中失去了農民的支持。1948年3月，國民黨召開「行憲國大」，宣佈「還政於民」，打出了最後一張王牌——「民主牌」，而務實的人民在「民主牌」與「土地牌」的選擇中，毫不猶豫地抓住了後者。

計畫經濟：
從自負到自毀的大試驗

第十講

計畫經濟：
從自負到自毀的大試驗

　　在考察近170年中國走向現代化的歷程時，人們常常不由自主地將各個政治流派的主張對立起來，譬如保守派這樣，洋務派那樣，維新派這樣，革命派那樣，國民黨這樣，共產黨又那樣，似乎他們從來是經緯對立，界限分明。

　　可是，在經濟變革上，界限分明的世界似乎並不存在。我翻閱研究各派主張，發現在一些根本性的立場上，相近之處遠遠大於相異之處，至少有三大原則爲各派所共持：其一，維持國家統一和中央集權的大一統原則；其二，抵禦外敵、強盛國家的強國原則；其三，發展國營事業、節制民間資本的國有經濟優先原則。這三個原則自洋務運動開始便已確立，歷大清、民國及當代中國三代，雖然在一些時期會遭到部分精英的質疑，不過從未被放棄。所以，中國的現代化是一場終極目標從未更改過、經歷了多輪技術性試驗的長期運動。

　　如果我們將1949年到1976年的中國經濟放置於這樣的史觀之下進行反思，也許是合適的。這一時期被認爲是一個「極端的年代」，共產黨人以無比的自信進行了一場史上最爲徹底而堅決的命

令型計畫經濟的大試驗,其歷程可以用哈耶克的兩本書名來形容:開始於「致命的自負」,終而「通往奴役之路」。然而,它的試驗並非是中國現代化運動的改弦易轍,而更像是同一終極目標下的、理想主義色彩濃烈的偏執行動。

上海試驗:計畫經濟的體系雛形

共產黨人在掌握全國政權之前,從未有過管理大中型城市的經驗。然而,讓人驚奇的是他們在第一次重大考驗中就一舉得手。這如同第一次參加奧運會的年輕選手在初賽時就打破了世界紀錄,過分的幸運往往會帶來一些影響深遠的問題。

1949年5月,解放軍佔領最大的工商業城市上海。當其時,上海是全國通貨膨脹的風暴眼,蔣經國「打虎」未遠,全城有2000多家公司、30餘萬人投身於投機炒賣。當時國內外許多人認為:共產黨打仗是第一流的,治理經濟恐怕不入流。榮毅仁曾回憶道,他當時便認為「共產黨軍事一百分,政治八十分,經濟打零分」。毛澤東徵調出任中央財經委員會主任不久的陳雲坐鎮上海,指揮了一場驚心動魄的經濟戰役。這場戰役主要圍繞以下三個方面展開──

其一,資本市場管制。 6月10日,解放軍查封遠東最大的證券交易所、位於漢口路422號的上海證券大樓,當場扣押234人,移送人民法院審判。隨後,全市的證券交易場所全數遭查封,民間的金融活動被徹底取締,「資本市場」從此退出了經濟舞臺。對上海來說,意味著亞洲金融中心的功能被摘除,香港取代了它的地位。在

此後半個多世紀的時間裏，它成了單純的輕工業和商業中心，證券交易所重新回到上海灘，是41年後的事情。

其二，**生產資料管制**。上海地區是當時全國兩大民生產業——紡織業和食品業的製造、交易基地，陳雲將紗布、麵粉和煤炭統稱為「兩白一黑」，認為它們是物價飛漲的「牛鼻子」。他從全國各地徵調大量紗布和麵粉，經過數輪「吃進」和拋售將民間炒家全數擊潰，當時上海常有投機商破產跳樓，飛漲不歇的物價日漸企穩。

其三，**流通渠道管制**。陳雲以上海為中心，著手創辦了三個全國性的貿易公司：一是全國性的紡織公司，負責紡織原料和產成品的供應與銷售；二是全國性的土產公司，負責各地特產的產銷；三是將華北貿易總公司改組為11個專業公司，此外設立一個進口公司，各專業公司均按經濟區劃與交通要道在中小城市設立分支公司，統一調度資金和幹部。在農村地區則成立供銷合作社，統一物資的分銷。每一個重要的商品流通領域均被國營壟斷，私人企業不得從事流通業，違反者被定性為「投機倒把」。

當原料供應、產品銷售被卡住，再加上資本市場的徹底國營化，兩頭一夾，中間的製造企業雖然仍屬私營性質，但已無法動彈，成了餅乾中的夾心層，計畫經濟的宏大構架因此胚胎初成。陳雲認為，對流通——包括商品流通和金融流通——的控制，「是逐步消滅無政府狀態的手段，通過這種辦法，把它們夾到社會主義」。①

---

① 陳雲：《陳雲文選（第二卷）》，人民出版社1995年版，第93頁。

　　在對國內私人資本進行清剿管制的同時，陳雲還創造性地驅趕了所有的外資公司。新中國成立後，在華外資企業顯然成爲了新經濟體制的「不適應者」，陳雲用的辦法是提高土地使用的稅率，把外資公司一一逼走。時任上海財稅局局長的顧准描述道：「1949年上海接收後，我們利用1945年以後國民黨政府搞起來的地價稅，加重稅率，對私有土地按估定地價比例徵稅。徵收地價稅，誰都提不出反對理由，可是嚴格徵收的結果，凡是地價昂貴土地上的房產收入，都抵不上應付的地價稅。僅僅一年多，即到1950年至1951年冬春之交，許多外國資本家都寧願用房地產抵交欠稅，自己則悄悄溜走了。我們沒有採用任何沒收政策，卻肅清了帝國主義在上海的殘餘經濟勢力。」

　　陳雲在上海的整肅行動取得了巨大的成功，到1950年春夏之交，物價已基本上穩定了下來。毛澤東對上海的經濟戰役評價很高，認爲它的意義「不下於淮海戰役」。陳雲自此被視爲「計畫經濟的大師」。上海經驗被推廣至全國，各地的證券交易機構相繼被取締，外資公司被「和平驅逐」，全國性的棉花和糧食計畫調配會議相繼在北京召開，對這兩大戰略性物資實行統購統銷政策，各大城市隨即建立起相應的計畫管理體系。

　　中國共產黨人在上海的此次試驗，在世界社會主義經濟史上都堪稱經典，體現出命令型計畫經濟在特定時期的戰略性魅力。若放之於歷代經濟變革中考察，從中可以看到漢武帝變法「平準」和「均輸」的明顯痕跡。

「第一個五年計畫」：計畫經濟的建設模式

如果說1949年的上海試驗，讓共產黨人在流通和資本管制上獲得了經驗，那麼，開始於1953年的「第一個五年計畫」，則是計畫經濟模式在工業建設上的一次完美表現。

中華人民共和國成立不久，即在朝鮮與美國開戰，西方世界從此對中國大陸進行了長期的經濟封鎖，「第一個五年計畫」是在蘇聯的無私幫助下進行的。據薄一波回憶，「一五」計畫所有的表格都是蘇聯專家幫助做出來的，「老實說，在編制『一五』計畫之初，我們對工業建設應當先搞什麼、後搞什麼，怎麼做到各部門之間的相互配合，還不大明白」。[1] 蘇聯向中方提供了大量的資料和設計圖紙，幾乎把他們所有的最好技術都給了中國，五年中，有8500名蘇聯專家來到了中國，《劍橋中華人民共和國史》中評論道：「蘇聯技術援助和資本貨物的重要性無論如何估計也不為過。它轉讓設計能力的成果被描述成技術轉讓史上前所未有的。」[2] 從全球化的視野來看，在20世紀50年代初期，已然公開對立的東西方世界先後展開過兩個規模龐大的國際援助計畫，一個是1948年到1952年，美國為歐洲重建所實施的「馬歇爾計畫」，另一個便是

---

① 薄一波：《若干重大決策與事件的回顧》，中共中央黨校出版社1993年版，第297頁。

② 費正清、羅德里克・麥克法誇爾主編：《劍橋中華人民共和國史（上卷）》，謝亮生等譯，中國社會科學出版社1998年版，第185頁。

1953年開始的蘇聯援助中國的工業建設，它們都不出預料地達到了振興經濟的目的，不過卻有著不同的路徑和結果。

「一五」計畫的核心內容，就是在蘇聯人的幫助下，投資建設156個重大項目，史稱「156工程」。其中的重點是優先發展重工業，重工業方面的投資占到了總投資額的85%。在整體規畫之下，一些冶金、能源、機械領域的大工廠隆隆建起。以鋼鐵爲例，五年內煉鐵能力增加了280萬噸、煉鋼能力增加了253萬噸，加上原有鋼廠的產能，我國生鐵產量從1949年的25.2萬噸猛增到467萬噸，整整提高了將近20倍。「一五」期間，中國建成大型汽車生產基地，造出第一輛自主研發的解放牌汽車，試製成功了第一架噴氣式飛機，建成了第一個製造機床的工廠，在長江上建成了第一座大橋──武漢長江大橋，開通了北京到拉薩的航空線，在武漢和包頭新建了兩個大型煉鋼廠，完成了鞍山鋼鐵公司大型軋鋼廠項目的興建，還在洛陽和哈爾濱建成了拖拉機廠和軸承廠，在蘭州建成了大型煉油基地。中國的重工業結構和區域佈局陡然改觀。

中國除了從蘇聯引進了技術之外，還全面引進了史達林式的、高度集中統一的計畫經濟模式。爲了統一管理全國經濟，成立國家計畫委員會，隨後又相繼成立國家建設委員會、國家經濟委員會、國家技術委員會和國家物資供應總局等機構，這些機構均下設至縣級政府，形成了一個封閉、垂直式的計畫管理體系。

這是一種由國家「全統全包」的投資分配和管理制度：國家以一隻無比龐大、無所不在的「看得見的手」調動經濟的每一個細胞，需要建設什麼工廠、生產什麼產品、培育多大的生產能力，以

及產品的產量和投資的規模，都由國家通過計畫直接安排。在這一體制下，一切新老企業用於固定資產建設的專案和投資，都由國家統一計畫；所需資金，由國家財政統一分配，無償撥款；建設和生產用的物資，由國家通過商業和物資部門統一調撥；從事建設的施工隊伍，由國家統一安排；從事生產的新增勞動力，由國家統一培養和分配；生產出來的產品，由國家統購統銷；企業有贏利，全部上繳國家財政；有虧損，也由國家財政補貼。在這一雄心勃勃的、嚴密的計畫體制下，國家既在宏觀上進行投資規模、投資結構、投資佈局等宏觀決策，又在微觀層面上擔負著專案決策管理任務。

從數據上看，「一五」時期，中國完成基本建設投資總額588.47億元，五年新增固定資產相當於1949年接收時的4倍，工農業總產值平均增長10.9％，GDP平均增長率達到9.2％——這個數字與1978年到2008年的平均數9.4％非常接近。在亞洲地區，中國與日本是工業經濟增長最快的國家，兩國的經濟總量相近。吳敬璉認為：「經濟增長主要倚靠投資，特別是重化工業投資，成為從第一個五年計畫(1953—1957)到開始改革開放的幾十年中我們經濟發展的基本特徵。」[1]

---

[1] 吳敬璉：《中國增長模式抉擇》，上海世紀出版股份有限公司、遠東出版社2006年版，第107頁。

七年消滅私營經濟

在社會主義計畫經濟理論裏，私營經濟被認為是一個應該被徹底清除的部分，早在1921年，中國共產黨的第一份黨綱中就明確寫道：「消滅資本家私有制，沒收機器、土地、廠房和半成品等生產資料，歸社會公有。」不過，如何進行「消滅」，後期又有不同的階段性主張。在1948年前後，黨內基本形成了「過渡」的共識。根據劉少奇的計算，在當時的工業體系中，國營經濟成分的比重僅為34.7%，私營工商業還有很大的權重，他因此提出「合營過渡，和平贖買」的辦法，並認為「我們與民族資產階級至少可搭夥10年至15年」。在毛澤東的時間表裏，「應於1967年完成對資本主義工商業的社會主義改造」。也就是用18年的時間消滅私營成分。

而事實上，這一工作只用了七年時間。其間，經歷「夾心化」、「五反查稅」、邊緣化、定息贖買以及「絕種」五個階段。

第一階段，「夾心化」。 陳雲在上海的整肅加強了國營資本對產業經濟的控制力，在原材料、資本和銷售管道均被政府管制之後，私人工廠如同生存在夾縫之中，它們的贏利空間其實已完全操於政府之手，喪失了博弈的能力。薄一波在《若干重大決策與事件的回顧》一書中講述了一個細節：1950年2月，也就是陳雲在上海整頓紗布和糧食業的時候，中財委曾擔心民間商人會展開一輪新的攻擊，便擬定了「四路出兵」的策略，即加緊徵收稅款和公債款，督促企業主發放工人工資而且不准關廠，公營企業現金一律存入國家銀行，不准向私營銀行和私營企業貸款。薄一波回憶說，當時

「估計可能會遇到資產階級的抵抗，要打幾個回合。實際上，他們已無力再較量，三四月份，我們看到勢頭不對（市場過緊），『收兵回營』，已經來不及了」。[1]

第二階段，「五反查稅」。從1951年12月開始，中共發動了一場席捲全國的「三反五反」運動，這是新中國成立後第一次大規模的政治運動，其中「五反」就是在資本主義工商業者中開展「反行賄、反偷稅漏稅、反盜竊國家財產、反偷工減料、反盜竊國家經濟情報」的運動。在運動中，各地紛紛採取了清算大會、批鬥大會等形式，普遍出現給資本家戴「高帽子」和進行體罰的現象。據統計，北京、天津、上海等9大城市被審查的45萬多戶私營工商業主中，犯有不同程度「五毒」行為的占總戶數的76%，其中上海為85%，北京為90%，即絕大多數為待罪之人。在暴風驟雨般的群眾怒吼下，資本家成為被鄙視、被徹底妖魔化的族群，甚至連他們自己都對自己產生了厭惡，這種心理反應僅可見於漢武帝的告緡令時期。[2] 據計算，到1952年10月「五反運動」結束，查補的「五毒帳」達30多萬億元，為朝鮮戰爭軍費的一半有餘。

第三階段，邊緣化。在「一五」建設規畫中，私營企業和私人資本的參與度幾乎為零，它們已經被徹底邊緣化。隨著計畫經濟體系的確立及國有資本的迅猛擴張，給予它們的空間已經越來越小。

---

① 薄一波：《若干重大決策與事件的回顧》，中共中央黨校出版社1993年版，第96頁。
② 桂勇：《私有產權的社會基礎》，立信會計出版社2006年版，第104頁。

第四階段，定息贖買。1954年9月，全國人大頒佈了新中國的第一部憲法，它正式確定了國營經濟的主導地位，明確提出國家對資本主義工商業採取「利用、限制和改造」的政策，逐步以全民所有制代替資本家所有制。在此背景下，陳雲提出「贖買定息」的方案，國家根據核定的私股股額按期發給私股股東固定的5%的股息，定息從1956年1月1日起計，原定到1962年止息，後延長到「文化大革命」開始前的1965年，利息有所降低。定息贖買政策爲私人資本的消亡設計了一個「退出通道」，它意味著產權改造的實質完成。據中國社會科學院經濟研究所的資料顯示，全國拿定息的在職私營業主爲71萬人，吃息代理人爲10萬人，這81萬人就是殘存的資本家階層。

最後，「絕種」。幾乎就在實行定息贖買政策的同時，毛澤東明確提出要讓資本主義馬上「絕種」。他在中共七屆六中全會上說：「馬克思主義是有那麼凶哩，良心是不多哩，就是要使帝國主義絕種，封建主義絕種，資本主義絕種，小生產也絕種。這方面，良心少一點好。」① 1956年1月1日，北京市私營工商業者提出了實行全行業公私合營的申請。到1月10日，只用了10天，全市的私營工商業宣告全部實現了全行業公私合營，「已經跑步進入社會主義」。1月20日，上海召開公私合營大會，宣佈全市205個行業、10萬多戶私營工商業全部實行公私合營。隨後，全國各大中城市一個

---

① 《毛澤東選集（第五卷）》，人民出版社1977年版，第198頁。

接一個地完成了工商業的「社會主義改造」。

消滅私營經濟的進展如此之順利，速度如此之快，連毛澤東本人也很意外，他在1月25日的第六次最高國務會議上說：「公私合營走得很快，這是沒有預料到的。誰料得到？現在又沒有孔明，意料不到那麼快。」在中國經濟史上，私營企業在1956年的集體消亡是獨一無二的事件，這意味著四大利益集團中的有產階層像毫無作用的盲腸一樣被整體切除。在百年現代化歷程中，這是第五次，也是最徹底的「國進民退」。

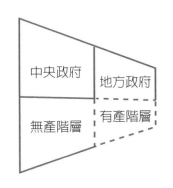

四大利益集團格局圖──消滅有產階層

兩次自毀性的經濟運動

在「一五」計畫結束的1957年前後，共產黨人幾乎同時取得了經濟高速成長和消滅私營部門這兩個重大勝利，這使得決策層的信心前所未有地膨脹。隨後，他們在自負的道路上越走越遠。

1958年，急於求成的毛澤東在工業和農業兩大領域同時發動「大躍進」，工業方面的目標是超過英國，農業方面的目標則是實現糧食和棉花產量一年翻一番。

1957年年底，毛澤東在莫斯科對赫魯雪夫說，15年後，我們可能趕上或超過英國。可是僅僅4個月後，這個時間表縮短到了7年，又過了兩個月，更是縮短到了兩年。毛澤東認定中國經濟超過英國的唯一評價指標是鋼鐵產量，他提出國民經濟「全面大躍進」的口號，要求經濟部門修改預定的指標，鋼的指標被定在了1070萬噸，一年之內要增長一倍。

就這樣，一個全民煉鋼的高潮被掀起了。全國各地建起了數以十萬計的小高爐，人們滿懷熱情地日夜煉鋼，很多人把家裏的鐵鍋、鐵盆、鐵門把等都捐獻了出來，倒進火紅的爐膛中。這一年，鋼產量達到創紀錄的1108萬噸，超額完成了一個不可能的任務。在這個數字的背後，卻隱藏著一個近乎自毀性的事實：1108萬噸鋼中有相當大的比重是用土法上馬的小高爐煉出來的，其中300多萬噸是毫無用處的廢鋼，小高爐煉出的900多萬噸生鐵既不能用於鑄造，也不能在煉鋼後軋成有用的鋼材。全民煉鋼不但中斷了正常的經濟活動，更嚴重破壞了生態環境，很多山上的樹被全部砍光。為了全民煉鋼，各地迅猛地從農村招人進城，到年底，全國企業和國家機關職工人數達到4532萬人，比上一年末整整多了2082萬人，糧食供應形勢立刻嚴峻起來。盲目的樂觀和激進戰略，造成了國力的嚴重虛耗。

發生在農業領域的糧食「大躍進」同樣荒唐。根據毛澤東的要

求，1958年的糧食指標爲8000億斤，棉花則爲6700萬擔，都比上一年增長了一倍多。《人民日報》發表社論《人有多大膽，地有多大產》，它成爲1958年最出名、最響徹雲天的一個口號。各地農村紛紛造假，虛報糧食產量，小麥的畝產紀錄從絕無可能的1500斤「上漲」到無法想像的13.0434萬斤10兩4錢（當時1斤爲16兩）。新華社向全世界宣佈，中國1958年糧食總產量達到3.5萬億斤，幾乎是上一年的10倍，一躍成爲世界第一大產糧國。

在之後的三年，國民經濟如一位狂奔後虛脫了的運動員，由瘋狂躍進陡然跌入蕭條低迷。全國工廠關停近半，2000多萬新招職工被驅回農村。在農村，地方政府仍然以上一年虛報的數據向農民徵收糧食，農民不願交，就搞反右傾、反瞞產、反私分，甚至抓人、關人、打人，廣大鄉村出現了很多餓死人的現象。主管經濟的劉少奇也不得不承認，三年大饑荒是「三分天災，七分人禍」。「大躍進」對中國經濟造成的災難性後果，日後有許多論文和書籍進行了反思、總結。國家統計部門的數據顯示，「二五」期間（1958—1962年），全國工農業生產總值的年均增長率僅爲0.6%，遠遠低於「一五」期間的10.9%。據美國學者麥克法夸爾在《文化大革命的起源》一書中的測算：「大躍進對國民經濟造成的全部損失現在估計是1000億元，幾乎兩倍於『一五』期間對基本建設的總投資（550億元）。」[1]

---

[1] 羅德里克·麥克法夸爾：《文化大革命的起源（第二卷）》，魏海平、艾平等譯，河北人民出版社1989年版，第469頁。

　　到了1964年，蘇聯發生「宮廷政變」，赫魯雪夫被撤職並隔離審查，新上任的勃列日涅夫推行「新經濟體制改革」，「老師加兄弟」的中蘇關係全面惡化，蘇聯在中蘇、中蒙邊界陳兵一百萬。同時，美國出兵越南，中國遭遇兩個超級大國的「南北威脅」，中共決策層的判斷是，「戰爭不可避免，要立足於大打、早打、打核戰爭」。據此，中共中央作出了「三線建設」的重大戰略決策，把東北、華北和華東沿海一線、二線地區的重要工業企業向西部和西北等三線搬遷，毛澤東號召「好人好馬上三線」。

　　在中國工業史上，規模宏大而秘密的三線建設有多重的標誌性意義，它是繼1937年的戰時大內遷之後，第二次「工業西進」，而且是一次主動的、具有強烈計畫性的大行動。同時，它也是新中國成立以來，繼蘇援「156工程」之後，最集中、最重大的工業投資運動。從1964年到1980年的17年間，中央政府把計畫內50%的工業投資和40%的設計、施工力量投入到三線建設中，累計投入資金2052億元，建成了1100多個大中型軍事和重化工業項目。

　　可是，預想中的世界大戰並沒有「如期」爆發，龐大的「三線計畫」便成了又一次的國力虛耗。在佈局上，三線建設以「立即要打仗」為假設前提，實施了「靠山、分散、隱蔽、進洞」等方針，把每個工廠，甚至每個車間都規畫建設得極為分散，有的甚至採取了「村落式」、「瓜蔓式」、「羊拉屎」式佈局。用遊擊戰、備戰化的方法進行工廠建設，低效率、高投資是可以想見的。由於三線建設是計畫經畫下的產物，實施十分匆忙，規模非常龐大，加上政治動盪、管理混亂等原因，浪費和損失很驚人。20世紀90年代中期

以後，隨著國家戰略調整，大量地處大西南深山溝裏的三線工廠被廢棄，當年國家投資幾十億元建設而成的廠區，後來如同一座座鬼城。

回收土地：政府的三大收益

共產黨以「工人黨」的姿態出現在中國的歷史舞臺上，1927年國共決裂後轉入農村，日漸演變爲一個「農民黨」。其最高決策層大多是農家子弟出身，他們對農民心理和利益訴求之掌握乃同時代人中的佼佼者，而土地政策正是核心。早在井岡山時期，紅軍便以「打土豪，分田地」贏得了支持。1947年的《土地法大綱》更是在爭取民心上起了決勝性的作用。然而，新中國成立之後，共產黨在土地和農村政策上一反之前的私有化立場，展開了系統性的集體化改造。

1951年9月，中共中央通過了《關於農業生產互助合作的決議》，鼓勵農民以「土地入股」，組建互助合作社，這一政策遭到了不同程度的抵制，有些地方甚至出現了暴力反抗。到1952年年底，全國農業互助合作組織發展到830餘萬個，參加農戶達到全國農戶總數的40%。1955年年底，在毛澤東的急迫要求下，初級合作社向高級合作社升級，僅用一年時間就在全國基本實現了農業合作化，參加初級社的農戶占農戶總數的96.3%，參加高級社的占農戶總數的87.8%。在糧食「大躍進」的1958年，高級合作社又向更高級的人民公社升級，形成了「組織軍事化、行動戰鬥化、生活集體

化」的公社模式，到年底，全國原有的74萬個農業社變成了2.65萬個「一大二公」的人民公社。

也就是說，在《土地法大綱》頒佈的11年後，分到農民手中的土地又被收歸為集體所有，5億農民被全部納入集體化的生產和生活中。在社會學的意義上，自明清以來所形成的、基於小農經濟的宗族社會模式被徹底破壞，從此，中國人再無「故鄉」。因為農民失去了對土地交易的處置權，實質上便也失去了所有權，因此所謂的集體化便是國有化的一種表現形式。楊小凱指出，人民公社化的土地改革從根本上動搖了中國人對財產權的信心，也挖掉了公民的財產權基礎，對人們的投資和經營活動有根本性的影響。

中國被視為古典的市場經濟國家，蓋因歷代長期堅持土地私有化和商品糧政策。當政府成為土地資源的唯一處置人之後，各種資源的配置結果便發生了重大的變化，實行計畫經濟時期，國家從土地中獲得三大收益。

第一個收益是控制糧食交易，實現農業對工業的「反哺」。 1953年11月，政務院發佈《關於實行糧食的計畫收購和計畫供應的命令》，提出定產、定購、定銷的「三定」政策，要求全國各地以鄉為單位，確定全鄉每戶的常年計畫產量和全鄉糧食統購統銷的數量，糧食買賣納入國家的整體計畫。這一統購統銷政策一直執行到1985年，長達32年之久。據中央黨校教授周天勇計算，新中國成立後，我們一直通過工農價格差、城鄉「剪刀差」向城市和工業提供豐厚的原始積累，農民為工業化和城市化提供的積累，最保守的估

計高達30萬億元。① 可見，工業化所需資金主要是由農業積累產生的。

第二個收益是推行票證經濟，在物資短缺條件下長期控制城市物價。糧食及農副產品價格是一國物價波動的中軸，政府控制土地後，繼而可控制價格和供應，最終達到控制需求的計畫性目標。1954年全國棉紗、棉布統購統銷後，9月份就實行了憑「布票」限量供應棉布的政策，這是與工業消費品相關的第一種票證。1955年8月起實行糧食的憑票定量供應，從此，中國進入「票證的年代」，各種民用商品如煤球、自行車、食用油、糕點、雞蛋、豬肉、魚甚至火柴等，都需要用特定的票證才能購買。正是通過這一手段，政府得以在低生產效率和物資短缺的狀態下，保證全國物價維持長期的超級平穩。

第三個收益是控制人口流動，進而消化城市剩餘勞動力。准軍事化的人民公社與戶籍制度互相勾連，造成城鄉分化，沒有票證的農民無法在城市裏購買到生活必需品，無法看病和入學，因而不可能任意進城，從而在短缺經濟的年代裏，減輕了城市的人口壓力。1968年，因「停課停工鬧革命」，城市裏出現數以千萬計的失業學生，毛澤東下達了「知識青年到農村去，接受貧下中農的再教育，很有必要」的指示，在十年時間裏，有超過1700多萬人(約占全國

① 周天勇：《現代化要對得起為發展做出巨大貢獻的農民》，《中國經濟時報》2007年7月9日。

城市人口的十分之一、適齡就業人口的五分之二）被下放到農村，從而以極殘酷的方式化解了城市就業的壓力。①

在整個計畫經濟時期，農民是一個被背叛和剝奪的階層。他們失去了土地，被剝奪了進入城市的權利，他們創造的財富以「剪刀差」的方式轉化爲國家資產，而他們的生活品質卻沒有得到相應的改善。以用電量爲例，「一五」期間，全國電力的八成以上都用於工業，城市生活用電占13.5％，農村用電只占全國電量的0.6％。從1958年到1978年，20年間中國農民人均收入增長不到2.6元。國家從土地控制中獲得的收益並沒有隨著計畫經濟體制的終結而結束，到了1998年之後，土地出讓金成爲各地政府的重要收入來源，這將是下一講的內容。

「文化大革命」：紊亂十年

國民經濟的徹底紊亂是從1966年開始的。5月，毛澤東親自發動「文化大革命」，他八次登上天安門，接見了1300萬人次的紅衛兵。這些熱血沸騰的學生喊著「造反有理」的口號，把教室砸得稀巴爛，將自己的老師綁起來批鬥，然後再衝進全國的所有寺廟，將佛像、書籍等文物盡數砸毀、焚燒。緊接著，工人也被發動起來，各種名目的革命造反組織紛紛誕生，他們喊著「保衛毛主席」的口

---

① 劉小萌、定宜莊：《中國知青史——大潮》，當代中國出版社2009年版，第528頁。

號殘酷武鬥。

自「文化大革命」開始以後，中央決策機構陷於癱瘓，在過去十多年裏主管全國經濟的中央及部委領導，除了總理周恩來之外，幾乎全部被打倒或靠邊站，其中，劉少奇被「永遠開除出黨」，1969年冤死於開封，鄧小平和陳雲被下放到江西勞動。由於造反派的全面奪權，那套從上而下的計畫經濟指揮體系徹底癱瘓，經濟管理和統計部門被砸爛，各地的年報遲遲不能報齊。在局面最混亂的1967年和1968年，根本無法制訂全年度的全國經濟計畫，1968年也成為新中國成立以來唯一沒有國民經濟計畫的一年。

這場空前的浩劫，一直到毛澤東去世的1976年才終結。十年「文化大革命」對中國當代史的影響是巨大的，它產生了兩個後果，一是大大延緩了中國的現代化建設，二是將計畫經濟的弊端徹底暴露，為後來的改革開放創造了心理空間和體制空間。

「文化大革命」造成了空前的社會傷害和經濟損失。胡鞍鋼對「文化大革命」時期的經濟損失有過一個定量分析，據他的計算，中國經濟的長期增長潛力為9％左右，1952年到1957年的實際GDP增長率為9.2％，1978年到2003年的實際GDP增長率為9.3％，而1957年到1978年的實際GDP增長率為5.4％，也就是低了4個百分點，這個增長率同時遠遠低於亞洲的其他發展中國家。① 在1960

① 胡鞍鋼：《中國經濟政治史論(1949—1976)》(第二版)，清華大學出版社2008年版，第536頁。

年,中國的國民生產總值爲1457億元,與日本相當。而到了1977年,中國的經濟規模已不到日本的三分之一,只相當於美國的十分之一。正是在這十年中,日本成長爲一個超級經濟大國,亞洲「四小龍"紛紛崛起。另據安格斯·麥迪森在《中國經濟的長期表現(西元960—2030年)》一書中,對亞洲各國和地區人均GDP增長率的計算,從1952年到1978年,中國大陸與其他國家和地區相比是整體落後的。中國大陸人均GDP增長率是2.3%,日本、韓國、新加坡、香港和臺灣分別是:6.7%、6.3%、4.8%、5.4%、6.6%。 ①

就四大基本制度而言,「文化大革命」時期的中國是兩千年國史中,集權程度最高的一個時期。中央對地方擁有不容置疑的控制力,後者在政治和經濟上毫無自主的權力;全民思想被高度統一到了「無產階級專政」的路線上,思想「洗澡」運動此起彼伏;社會精英被基本消滅,知識份子被蔑稱爲「臭老九」,自由商人階層被整體切除,數以千萬計的年輕人在農村消耗生命,即便是執政集團內的精英分子也遭到了一輪又一輪的清洗;在經濟制度上,命令型計畫經濟呈現出了它所有的特徵:經濟權力高度集中於中央政府的指揮體系;限制和逐步消滅商品、貿易關係的產品經濟模式;重工業和軍事工業優先的投資戰略;完全依賴國家投資,全面取締私人資本的經濟治理思想;限制按勞分配,推行平均主義的原則;反對

---

① 安格斯·麥迪森:《中國經濟的長期表現(西元960—2030年)》,伍曉鷹、馬德斌譯,上海人民出版社2008年版,第59頁。

權威主義；取消專業分工的準則；堅持自主封閉，反對國際貿易。後世有些信奉計畫經濟的人推演說，如果沒有「大躍進」和「文化大革命」，中國經濟當時不至於如此一敗塗地。在他們看來，陳雲在上海對通貨膨脹的整肅和「一五」計畫的成就證明了制度的有效性。其實，這種幻想是難以成立的。因為國家治理的邏輯從20世紀50年代至改革開放前一以貫之，並無重大更改，「文革」無非使得計畫經濟制度的負面性以更劇烈和更極端的方式呈現。

到1976年，中國是一個封閉自守的、與世界經濟體系基本「絕緣」、高度集中而沒有活力的經濟體，沿用司馬光對漢武帝的評價，此時的執政者「有亡秦之失，而免亡秦之禍」。

第十一講 |

改革開放(上)：
沒有藍圖的改革

第十一講
改革開放（上）：
沒有藍圖的改革

　　鄧小平被稱為「中國改革開放的總設計師」，這個稱謂容易產生歧義，即發生於1978年之後的改革開放是一場經過精心設計、有長遠規畫的試驗，然而，它實際上是一場且行且思、邊做邊改、「沒有藍圖的改革」。

　　一個不太為人所注意到的事實是，中國最高決策層在一開始仍然寄希望於「一五」計畫的模式再現，即通過投資再搞一批「156工程」。1978年，鄧小平委派谷牧遍訪西歐列國，提出了120個從鋼鐵、石化到汽車的招商項目，他還親自飛赴日本和新加坡做遊說工作。但是這個計畫很快就流產了，西歐人和日本人不像蘇聯人那樣「無私」，中國脆弱的工業基礎和虛弱的消費能力讓他們畏而卻步。在這樣的背景下，決策層不得不把更多的精力放在改革與開放上。此時的決策者面臨的困難與當年李鴻章面臨的困境有些相似：意識形態的頑固抵抗、舊體制的低效率、找不到新的資金和人才，更可怕的是，沒有成熟而合適的經濟理論、改革經驗可依據和借鑒。

第三種社會主義經濟模式

當中國共產黨決定把工作重心從階級鬥爭轉移到經濟建設上來的時候，第一個社會主義國家已經在地球上存在了六十年。這六十年間，各國共產黨人摸索出了兩種經濟治理模式。

其一，史達林─毛澤東式的命令型計畫經濟模式。它取締任何形式的私有制，忽視價值規律，強調國家對一切資源的控制，1949年到1976年，中國走的就是這條路，事實證明此路不通。

其二，市場社會主義模式。它尊重價值規律，試圖在國有經濟體系內建立一種基礎於成本核算的價格體系，但是它不允許私有企業的存在，勃列日涅夫的「新經濟體制改革」及東歐各國搞的就是這一套，中共黨內則以孫冶方為理論代表，他提出「大權獨攬、小權分散」，在保持國營經濟體制和國家對投資的計畫管理的條件下，給予企業在日常經營上的自主權。1979年12月，中國政府曾把當時世界上最著名的兩位市場社會主義理論家，波蘭的弗·布魯斯和捷克斯洛伐克的錫克偷偷請到北京——他們當時均已離開各自的祖國成為叛逃者，布魯斯和錫克告訴中國的同志們，東歐的試驗其實也是失敗的。而晚年的孫冶方，在罹患癌症的情形之下試圖寫出一本教科書，但直到去世仍然無法成稿。[1]

社會主義陣營中的兩大既成經濟模式皆行不通，便把渴望變革

---

[1] 吳曉波：《吳敬璉傳》，中信出版社2010年版，第89—96頁。

的中國逼上了一條獨自探索、充滿了不確定性的道路，由此我們可以從理論的層面理解，為什麼會有「中國特色的社會主義市場經濟」的提法。

在改革開放的前十多年裏，中共領導人鄧小平和陳雲，在經濟治理上形成了自己的主張。

陳雲是公認的「計畫經濟大師」，他晚年的思想近似於市場社會主義，提倡「鳥籠經濟」，即在計畫的「大籠子」內，給予國營企業以充分的經營自主權，對於私營資本集團的復活，他一直持謹慎和警惕的姿態。

相對於陳雲，鄧小平更加務實和功利。只要能夠使經濟發展起來，他願意嘗試一切新的可能性。他用幾句生動的語言規範了即將開始的經濟運動的行動綱領：他說「摸著石頭過河」，公開宣佈本次改革沒有路線圖，沒有時間表，只有一個「過河」方向，而且無船可乘、無橋可走，必須跳下水去冒險游渡；他說「讓一部分人先富起來」，這打破了「均貧富」和平均主義吃「大鍋飯」的理念；他說「不管白貓黑貓，抓住老鼠就是好貓」——這句話曾經遭到毛澤東的嘲諷，如今卻成了功利主義的最佳宣言；他說「膽子要大一點，步子要快一點」，這提示了改革的迫切性；他說「不爭論」，表明新的改革措施在意識形態領域遭遇到了空前的阻力，無法在原有的社會主義理論體系內自圓其說，因此必須「幹了再說，錯了再改」。

當然，在經濟領域推動變革的同時，鄧小平與陳雲也對政權的穩定和共產黨執政地位的維持達成了高度的共識。他們提出堅持

「四項基本原則」和「穩定壓倒一切」，這兩句話畫出了本次經濟改革的政治邊界，即維持現有的威權及大一統的政治治理模式。

在將近三十年的時間裏，鄧小平的這些話語形成一種強大的社會共識，進而勾勒出本次改革的幾個基本特徵：功利務實、被動漸進、非均衡、不徹底。

增量改革：由農民發動的工業化運動

從1978年到之後的15年間，中國最重要的經濟事件幾乎都不發生在城市，而是在「城牆」外的廣袤農村。這是本輪經濟變革中最不可思議也是最迷人的地方。數以百萬計的沒有受過任何工業化教育的農民崛起於草莽之間，成爲了計畫經濟的「掘墓人」。

變革的動力是從土地裏迸發出來的。已經實行了20多年的人民公社制度把全國農民牢牢地拴在土地上，「大鍋飯」的弊端畢現無疑，農業效率低下到了讓農民無法生存的地步。1978年，產糧大省安徽省從春季就出現了旱情，全省夏糧大減產，鳳陽縣小崗村的農民在走投無路的情況下，被逼到了包產到戶的路上。包乾制竟十分靈驗，第二年小崗村就實現了大豐收，第一次向國家繳了公糧，還了貸款。在當時的安徽省委書記萬里的強力支持下，小崗村的大包乾經驗，一夜之間在安徽全境遍地推廣，與此同時，另一個農業大省四川省在省委書記的努力下也開始推行包產到戶。法國啓蒙思想家孟德斯鳩嘗言：「土地出產之少，主要不在於土地肥沃程度，而

在於居民是否享有自由。」① 此言在1978年的中國再次得到印證。

　　包產到戶是對人民公社制度的否定。事實上，早在1961年安徽省就進行過「按勞動力分包耕地，按實產糧食記工分」的聯產到戶責任制，這一試驗遭到毛澤東的強烈反對，省委書記曾希聖以及贊同包產到戶的農村工業部部長鄧子恢因「犯了方向性的嚴重錯誤」而先後被撤去職務。17年後，安徽和四川的試驗仍然在黨內遭到不同程度的質疑，與安徽比鄰的浙江省一直到1982年才開始全省推行家庭聯產承包責任制。鄧小平對包產到戶予以堅決的支持，多次口頭承諾「聯產承包責任制50年不變」。1984年的中共中央一號文件提出「聯產承包15年不變」。1994年，中共中央、國務院印發《關於當前農業和農村經濟發展的若干政策措施》，提出「在原定的耕地承包期到期之後，再延長30年不變」。

　　以承包制的方式把土地「還」給農民，是一次不徹底的土地改革，它沒有觸及土地性質，爲日後的土地糾紛埋下種子。然而，在20世紀80年代，這一改革非常靈驗地、一次性地解決了糧食問題，此後的中國改革幾經波折卻從未發生糧食危機，「糧穩而心定」，此舉居功闕偉。另外一個重大的效應是，包產到戶讓農民從土地的束縛中解放出來，在土地嚴重缺乏而觀念較爲領先的東南沿海地帶，大量閒散人口開始從土地中「溢出」，在票證經濟的禁錮下，

---

① 托克維爾：《舊制度與大革命》，馮棠譯，商務印書館1997年版，第159頁。

他們無法進城，於是「洗腳上田」，開始在城市之外「村村點火，鄉鄉冒煙」，從事各種非農產業。這些非常初級的工業作坊，早期被稱爲社隊企業，之後被稱爲鄉鎮企業，亦即民營經濟在1956年「絕種」之後的再度復活，它們在製造、流通及金融三大環節對鐵桶般的計畫經濟體系實施了「螞蟻咬堤」式的侵蝕和破壞。

鄉鎮企業全數佈局於「吃穿用」等民生產業，這也是以重工業投資爲特徵的國營經濟的軟肋。農民們的技術幾乎都是「偷」來的，很多國營工廠裏的技術人員白天在工廠裏喝茶看報，到了周末，便卷著圖紙跑出城到鄉鎮企業裏兼職，他們被戲稱爲「星期天工程師」。國營工廠裏的設備和原材料被倒賣到農村，甚至連品牌也被以很低的價格租售給鄉鎮企業。①

農民們生產出來的食品、服裝以及自行車等，無法進入陳雲等人構築的國營流通體系。一年一度的廣州商品交易會是全國最重要的商品交易大會，很多民營企業家日後回憶道：「我們沒有進場的資格，就用三種辦法，一是賄賂門衛混進去，二是從下水管道爬進去，三是在會場外擺攤自建一個非法會場。」第三種辦法催生出了所謂的專業市場，即農民在一些偏遠的農村或城鄉結合地帶自建各種專業性的交易場所，比如紐扣市場、編織袋市場、食品市場等。在浙江省，此類專業市場一度多達3000多處，平均每個縣就有30個，它們大多沒有經過政府的審批，經常遭到驅逐和沒收。在這些

---

① 吳曉波：《激蕩三十年（上卷）》，中信出版社2007年版，第173頁。

專業市場的周邊，因交易活躍而又哺育出相關的專業工廠，形成了
「雙輪驅動」的產業格局和「一地一品」的塊狀經濟模式。 ①

　　隨著生產和貿易規模的擴大，鄉鎮企業主對金融的需求開始產
生。根據當時的金融政策，所有銀行均不得向私人企業發放任何性
質的貸款。1984年9月，在一家國營醫院當收發室工人的方培林在
浙江省蒼南縣錢庫鎮辦起了新中國的第一家私人銀行──「方興錢
莊」。然而，這家錢莊只開了一天就被當地的農業銀行上門查封，
從此民間金融只好被迫轉入地下，並滋生出一個非常龐大、鼴鼠式
的地下金融市場。國有銀行對民間企業的歧視性政策持續數十年之
久，2010年11月，渣打銀行發佈的《中國新商幫中小企業融資生態
調研白皮書》中指出，有超過四成的民營企業從未得到過銀行貸
款，而八成貸款期限集中於一年之內，幾乎所有中小企業被迫「短
貸長投」和依靠地下融資客。

　　在粗放經營、缺乏法律保護的環境中，民間經濟仍然令人吃驚
地發展起來。到1986年年底，鄉鎮企業的總數已經發展到1515萬
家，勞動力近8000萬，實現工業總產值3300億元，占國內生產總值
的20％，出現了「五分天下有其一」的格局，中國農民在城市之外
新建了一個粗放草莽卻肌體強悍的工業化體系。1987年6月，鄧小
平在接見南斯拉夫代表團時說：「農村改革中我們完全沒有預料到
的最大的收穫，就是鄉鎮企業發展起來了，突然冒出搞多種行業，

---

① 參見吳曉波：《農民創世紀》，浙江文藝出版社1997年版。

搞商品經濟，搞各種小型企業，異軍突起。這不是我們中央的功績……這是我個人沒有預料到的，許多同志也沒有預料到，是突然冒出這樣一個效果。」

中央政府的角色：放權與非均衡戰略

鄧小平的這一段話在日後被反覆引用，不少觀察家據此推導出了一個結論：20世紀80年代的改革是一場政府放任自流、無爲而治的民間經濟運動。甚至有很多人認爲，政府在經濟增長中無所作爲，它所推動的改革都以失敗告終。這在我看來，又是不盡準確的。眞實的情況是，國民經濟的恢復是「中央充分放權、地方大膽主導，民間積極參與」的過程，中央政府和地方政府分別扮演了促進者和主導者的角色。

就中央政府而言，其策略可分爲三個方面：一是放權讓利；二是非均衡發展；三是「一手軟，一手硬」。

放權讓利的對象是國營企業和地方政府，其目標則是刺激經濟要素的復甦和減少中央財政支出。

在1978年年底的十一屆三中全會上，中央認爲：「現在我國經濟管理體制的一個嚴重缺陷是權力過於集中，應該有領導地大膽下放，讓地方和工農業企業在國家統一計畫的指導下有更多的經營管理自主權。」基於這一共識，次年，國務院宣佈首都鋼鐵公司、天津自行車廠、上海柴油機廠等八家大型國企率先進行擴大企業自主權的試驗，其中包括擴大企業經營管理自主權、實行利潤留成、開

徵固定資產稅、提高折舊率和改進折舊費使用辦法、實行流動資金全額信貸等。到1984年，又把在農村行之有效的承包制引入企業改革中，政府對國營企業的撥款改為貸款，進而改為股份。

中央對地方政府的放權開始於1981年的財政包乾制度，國務院宣佈實行「劃分收支、分級包乾」的財政包乾體制，除了京津滬三大直轄市之外，其餘省份均進行形式各異的財政包乾，這一制度被形象地稱為「分灶吃飯」，也就是「統收統支」的一口大灶已經養不活那麼多的兒子了，於是各自分開吃小灶，溫飽苦樂，自求多福。1987年前後，國務院相繼提出了「企業承包」、「部門承包」、「財政大包乾」、「外貿大包乾」、「信貸切塊包乾」，時稱「五大包乾」。

如果說，對企業和地方政府的權力下放，既為中央財政卸了包袱，又為經濟的復蘇提供了可能性，起到了一石二鳥的效應，那麼，非均衡的發展戰略則是一次主動的政策安排，也是本輪改革中最有創見性的一著。計畫經濟的中國如同一潭淤泥沉積的死水，恐怕連上帝也無力將之激蕩攪活，因此只能從最薄弱的角落入手，用力地把水攪渾，然後呼風喚雨，弄皺一池春水。早期看，這是權宜之計，長期而言卻徹底地改變了全國的宏觀經濟格局。

早在1979年春，在歐美資本引進不力的情況下，國務院批覆了招商局董事長袁庚的一項請求，在國境之南、與自由華人資本聚集地——香港最近的寶安縣劃出方圓2.14平方公里，設立蛇口工業區，「既能利用國內的較廉價的土地和勞動力，又便於利用國際的資金、先進技術和原料，把兩者現有的有利條件充分利用並結合起

來」。① 這個工業區，既沒有被納入國家計畫，也沒有財政撥款，袁庚以土地爲資源，批租給香港商人，並以稅收減免爲優惠，吸引工廠入駐，此舉取得奇效。到1980年7月，中央批准開設深圳、珠海、汕頭爲經濟特區（後來又增加了廈門，是爲「四大特區」），「特區內允許華僑、港澳商人直接投資開工廠，也允許某些外國廠商投資設廠，或同他們興辦合營企業和旅遊事業」。② 隨後在1984年，進而開放14個沿海城市，加快引進外資的步伐。

特區的開設及沿海城市的開放，被統稱爲「東南沿海優先發展戰略」。在計畫經濟時期，中國的工業經濟基本佈局於東北和華北一線，20世紀60年代中期的三線戰略則著力於中西部，東南沿海一向被視爲「臺海戰爭的前沿」，尤其是廣東、福建和浙江三省，甚少有重大專案的投資，「東南沿海優先發展戰略」徹底打破了原有的投資格局，外資及民間資本在這些國有資本薄弱的地帶如野草般生長，構成中國經濟的新一極。

在整個20世紀80年代，非均衡成爲一種基本的改革思路，特區、開發區模式是資源配置上的一次非均衡，「東南優先」是區域經濟發展的一次非均衡，「讓一部分人先富起來」是財富分配的一次非均衡，給予外資以土地徵用和稅收上的「超國民待遇」是企業經營上的非均衡，企業試點是政策配置上的非均衡，價格雙軌制則

---

① 袁庚：《關於充分利用香港招商局問題的請示》，1978年10月9日。

② 《中共中央、國務院批轉廣東省委、福建省委關於對外經濟活動實行特殊政策和靈活措施的兩個報告》，1980年7月15日。

是對國營企業實施價格保護的非均衡。厲以寧曾經指出，計畫經濟存在重大的「均衡性缺陷」，因此，對舊體制的突破本質上是一次打破均衡的混亂過程。①

經濟權力的次第下放以及非均衡戰略的實施，意味著自由貿易精神的回歸，它在對計畫經濟體系構成衝擊的同時，一定會對大一統的思想體系也形成挑戰，在這一方面，決策層表現出強硬的一面。「穩定壓倒一切」這句名言出自陳雲之口，卻為鄧小平所多次引用，這兩位領導人儘管在經濟思想上有不少的分歧，但在共產黨執政地位的維護和思想的控制上，兩人的立場和態度基本一致。

地方政府的角色：積極參與和冒險支持

張五常在其2009年出版的《中國的經濟制度》一書中提出，縣級政府間的競爭是過去30年中國經濟奇蹟的根本原因，他甚至認為，「今天的中國，主要的經濟權力不在村，不在鎮，不在市，不在省，也不在北京，而是在縣的手上」。② 此論在學界引起很大的爭議，但他確乎看到了事實的某一面。在20世紀80年代，非國有經濟領域出現了兩種區域發展模式，一種是以集體企業為主力的蘇南

---

① 中國經濟的非均衡戰略的靈感，應該得自於匈牙利的社會主義經濟學家亞諾什‧科爾內，他在《短缺經濟學》一書中雄辯地論證了計畫經濟的「均衡性缺陷」，此書於「巴山輪會議」之後的1986年在中國出版，影響甚大。

② 張五常：《中國的經濟制度》，中信出版社2009年版，第144頁。

模式，另一種是以私營企業爲主力的溫州模式。在這兩種模式裏，縣級政府扮演了各自不同的，卻同樣重要的角色。

江蘇南部的蘇州、無錫及常州地區，自洋務運動以來就是最重要的紡織、糧食加工和機械製造基地，即便在「文化大革命」時期，這裏的社隊企業仍然廣泛存在。改革開放之後，人多地少的蘇南地區迅速向非農化轉型，每個縣都出現了一批「經濟能人」，由他們帶領創建了數以萬計的中小企業，這些能人往往身兼村鎮行政領導和企業法人的雙重身份，一方面從事工商活動，另一方面又可以無償調動管轄區域內的一切公共和政策資源——特別是土地和稅收優惠，因此展現出強大的成長能力，這一模式被稱爲「地方政府公司主義」。類似的模式同樣出現在廣東的珠三角地區和山東的膠東半島。

在浙江南部的溫州、台州和金華地區，出現了另外一種經濟發展模式。這些地方的地理條件、自然資源以及人力素質均無法與蘇南相比，屬地僻人窮之地，自古以來，就有下南洋、外出做勞工的傳統。從20世紀70年代末起，這裏成了走私、倒賣二手物資以及產銷低劣商品的集散地，民眾在一些管制疏忽的偏遠鄉村開闢了眾多小商品市場。溫州模式成爲發展私營經濟的代名詞。然而，常爲人所忽視的是，浙南地區的私營經濟的萌芽，與當地官員的冒險支持有重大關係。浙南官員發放了新中國成立後的第一張個體工商戶執照、公佈了第一個允許民眾在縣城擺攤的政策、創造性地擬定了第一份股份合作制企業的章程。很多年後，若到浙南諸縣調研，當地人民仍能隨口報出當年很多官員的名字，對之感恩不已，若沒有這

些人的冒險支持，私營經濟的萌芽是不可思議的事情。這一景象同樣出現在福建的泉州、晉江地區，廣東的潮汕地區。

　　無論是積極參與的蘇南模式，還是冒險支持的溫州模式，都表明地方政府在改革的初期並非無所作為，相反，它們正是增量改革的主導者。在這一時期，一個區域的經濟成長與自然資源的關係不大，卻主要得益於民眾及地方官員的思想開放。這一歷史事實也再次印證了本書的一個基本觀點：在大一統的集權制度下，中央政府與地方政府有各自的行政訴求，他們在經濟發展的過程中存在著博弈和互相補充的關係，政府從來沒有放棄對經濟的干預與掌控。

「哪裏是改革的主戰場」

　　改革行至1984年前後，隨著權力下放及經濟復甦，各種新的治理難題層出不窮，在決策層和理論界發生了重大的爭論和分歧，其主題是：哪裏是改革的主戰場。在這一年12月頒佈的《中共中央關於經濟體制改革的決定》中，改革主題被描述為：「增強企業活力是經濟體制改革的中心環節，而價格體系的改革則是整個經濟體制改革成敗的關鍵。」① 那麼，「中心」與「關鍵」哪個更優先，孰重孰輕，竟沒有明確定義。在這一問題上的猶豫及搖擺，導致了數年後的一次重大挫折。

---

① 《中共中央關於經濟體制改革的決定》，1984年12月20日。

　　一派意見認爲，改革的主戰場應是企業制度的股份制創新，是爲「企業主體改革派」，代表人物爲北京大學的厲以寧教授。

　　在中國經濟學家中，厲以寧是最早提出企業改革必須走股份制道路的人之一，因此，他被稱爲「厲股份」。在他看來，計畫經濟的最大弊端是剝奪了企業自主創新的動力，從而扭曲了資源的市場化配置，因此，全部經濟體制改革的核心，必然是企業制度本身的重新改造，即財產關係的改造，換而言之，只要把企業「還」給了市場，經濟體制自然將實現轉軌。1987年年底，厲以寧向國家體改委提交《1988－1995年我國經濟體制改革綱要》，給出了完成企業改革的「八年時間表」：1988年至1990年，完善與發展企業承包制，股份制繼續試點；1991年至1992年，承包制向股份制過渡；1993年到1995年，企業實行較全面的股份制，普遍建立控股制的企業集團。在這八年的時間裏，企業改革的重點應逐漸由承包制向股份制過渡，由低層次的經營機制與產權關係的改革向高層次的經營機制與產權關係的改革過渡。

　　另一派意見認爲，中國的經濟改革靠企業制度的「單兵突進」難全其功，因此必須整體思考，配套進行，是爲「整體協調改革派」，代表人物爲國務院發展研究中心的吳敬璉。

　　在吳敬璉的構思中，改革不僅是一場破除舊體制的深刻革命，而且是一項建設新經濟體系的宏大工程。這個體系主要是由自主經營、自負盈虧的企業，競爭性的市場體系和主要通過市場進行調節的宏觀管理體系三者組成。這三個方面是相互聯繫、密不可分的。只有這三個支柱初步樹立起來，這種經濟體系才能有效率地運轉。

因此， 經濟改革必須在這三個方面同步配套進行。

1986年年初，吳敬璉向中央提出了一份改革路線圖，其中包括三個環節。第一個環節，增強企業的自主權和經濟責任。國有小企業可以放開改革，大企業則逐漸實現市場化，取消行政性公司，實行股份制、資產經營責任制。第二個環節，競爭性市場的建立和進一步完善。建立經營大規模批發業務的經濟實體，抓緊反對壟斷、保護競爭的立法，防止市場割據形勢的發展。第三個環節，建設新的宏觀調控體系。包括改進財政稅收體系，將「分灶吃飯」的財政體制推進到「劃分稅種，核定收支」的新階段。

在以放鬆管制為改革主題、強調「充分放權」的20世紀80年代，吳敬璉的方案意味著中央政府必須加強宏觀調控的能力並擴大宏觀調控的範疇，因而帶有重新集權的色彩，這無疑觸及了中國經濟治理的一個古老的核心命題。在耶魯大學進修過的吳敬璉提出了一個很有技巧性的「集－放」分權理論。

他並不籠統地提倡放權或收權，而是分離出「行政性分權」和「經濟性分權」兩個概念。所謂「行政性分權」是指中央把權力下放給省、市、縣，由地方行政機構管理經濟，「經濟性分權」是指將過分集中於行政主管機關的決策權下放給企業。吳敬璉認為，當前的中國改革，行政性分權步子邁得太快，而經濟性分權則遠遠不足，「行政性分權充其量只不過使企業從原來中央機關的附屬物變為地方行政機關的附屬物，並不能使企業成為獨立的商品生產者，也不能改善經濟機制。在命令經濟框架下實行層層分權，其結果只能是政出多門，使整個經濟陷於混亂」。因此，他認為「分權的命

令經濟是一種最壞的命令經濟」。由以上的理論闡述，吳敬璉得出了一個重要結論：不應當籠統地把改革的目標定為「分權」，而應當區分性質不同的「權力」，行政性權力需適當集中，經濟性權力則應充分下放。既然中國改革的正確方向是建立市場型經濟，應當追求的分權就只能是經濟性分權，而不能是行政性分權。吳敬璉的這一經濟結論與當時思想界頗為流行的新權威主義相當暗合。[1]

對於「企業主體改革派」的意見，吳敬璉認為，單搞企業改革，無論什麼方案，都是不足夠的，因為「如果企業不是在競爭性市場的約束下進行經營活動，沒有競爭壓力，無論建立怎樣的產權制度，企業都不可能真正具有活力」。相反，厲以寧則對「整體協調改革派」表達了鮮明的反對立場。就在吳敬璉遞交了配套改革方案不久後的1986年5月，他面對上千名聽眾和眾多媒體記者說：「中國經濟改革的失敗可能是由於價格改革的失敗，而中國經濟改革的成功，則必須取決於所有制改革的成功。」[2]

面對這兩種針鋒相對的改革意見，中央決策層表現得搖擺不定。[3] 厲以寧被要求先在重慶、蘇南和上海進行股份制試點的實

---

① 關於「新權威主義」，可參見蕭功秦的《新權威主義：痛苦的兩難選擇》一文，載於劉軍、李林編：《新權威主義——對改革理論綱領的論爭》，北京經濟學院出版社1989年版，第54—58頁。

② 參見陸昊：《厲以寧評傳》，陝西師範大學出版社2002年版。

③ 在1987年，有九個課題組向國家體改委遞交了經濟體制改革的方案，厲以寧、吳敬璉二人的課題組分別代表了兩個流派。這九個方案被結集成《中國改革大思路》一書，由瀋陽出版社於1988年出版。

驗，而吳敬璉的方案在6月份的國務院會議上先被肯定，後遭擱置。兩大改革流派在20世紀80年代中後期的這場論戰，在改革史上影響深遠。中國的經濟改革如同一盤不得悔棋的棋局，誰也無法回到過去再次復盤，甚至，在後來的時間段裏，即便再重新找回當年的思想，也因時空的斗轉、條件的變幻、民衆預期的不同而失去了現實的意義。

他們的方案可能都是走得通的。如果按厲以寧的思路堅決地走下去，企業主體在產權意義上被徹底解放出來之後，自然會對政策環境產生巨大的變革衝擊，宏觀經濟的市場化任務很可能因此完成。而如果按吳敬璉的思路堅決地走下去，通過行政性集權的方式推進宏觀環境的市場化和法治化改造，經濟改革的任務也很可能因此完成。

他們的方案也可能都是走不通的。因爲，吳敬璉、厲以寧基本上都是在經濟體制改革的範疇內思考出路，而波蘭人布魯斯早在1979年就告誡過中國的同行們：經濟體制改革要以政治體制改革爲條件，必須從制度上採取措施，才能保證不再回到舊軌道上去。歸根結底，改革是政治和社會問題。

物價闖關：轉折點上的「意外失利」

在1988年秋冬之際，中國的經濟改革遭遇一次意外的重大失利，它可以被看成是本輪經濟運動的一個分水嶺式的事件。

在經歷了十年的復甦性成長後，中國經濟出現了周期性的波

動，隨著輕工產業的迅速發展，民間企業數目劇增，物資供應更趨緊張，全國物價出現失控式的上漲。與此同時，價格雙軌制的弊端徹底暴露，非法倒賣物資的活動猖獗，國有企業的承包制改革始終未見大成效，虧損補貼和物價補貼相當於財政收入的三分之一，企業經營困難，財政負擔加重。為了擺脫窘境，中央又被迫增發貨幣，從而進一步推高了通貨膨脹的勢頭。在險象環生之際，決策層接受吳敬璉等人「管住貨幣、放開物價」的意見，決意冒險「闖關」，讓物價迅速地進入市場調節的軌道之中。

「物價闖關」被認為是中國告別命令型計畫經濟的關鍵性一役，若此戰成功，則意味著國家把定價權還給了市場，隨著價格管制的徹底解體，計畫經濟體制將無憑藉之地。從更廣泛的範疇來看，與經濟體制改革相配套的政治體制改革也在這時起步，1988年6月1日，國務院頒佈《村民委員會組織法》，宣佈「實行村民自治，由村民直接選舉產生村民委員會」。民主選舉的火苗在最基層的農村點燃，在很多人士的規畫中，若農村民主選舉初見成效，則可由下而上，更進一局。

放眼1988年的世界，我們還可以看到，經濟及政治上的「闖關」並不僅僅發生於中國。在社會主義陣營，從這一年的春天開始，戈巴契夫在蘇聯展開了廣泛的政治和經濟變革，而在東歐地區則爆發了此起彼伏的自由化運動，其中最引人矚目的是波蘭的團結工會運動。在海峽對岸的臺灣，蔣經國於1986年年底宣佈開放黨禁和報禁，國民黨即將告別獨裁年代。

在這樣的宏觀視野中，我們不難掂量出「物價闖關」對中國現

代化進程的歷史意義——儘管當時的決策者並未有如此縱深的意識。

闖關從6月份開始，在北戴河召開的政治局會議決定：「5年理順價格方案，前3年走大步，後2年微調，計畫5年內物價總計上升70％到90％，工資上升90％到100％。」

這一闖關政策一公佈，迅速震動全國。從當月開始，全國中心城市的豬肉和其它肉食價格以70％左右的幅度上漲，其它小商品迅速跟進。出乎決策層預料的是，「物價闖關」很快就呈現全面失控的可怕趨勢，各地物價如脫韁的野馬，撒蹄亂竄。當時，全國居民的存款為3000億元（1992年為1萬億元，2008年為24萬億元），並不是一個很大的數字，但是公眾的看漲恐慌心理造成全國性的擠兌和搶購風，這似乎應了凱恩斯的那句名言，「社會心理決定了人類的永久的經濟問題」。8月27日晚，中央召開緊急會議，宣佈暫停物價改革方案。據《中國物價年鑑》記載：「1988年是我國自1950年以來物價上漲幅度最大、通貨膨脹明顯加劇的一年。全年零售物價總指數比去年上升18.5％，這個上升幅度又是在持續三年物價累計上漲23.7％的基礎之上。」

1988年的物價闖關失敗，是1978年改革以來最大的一次經濟失控，也是新中國經濟改革史上最讓人沮喪的事件之一。在技術層面上，此次失利與40年前的金圓券改革頗可前後參照，它們都因為對民眾的「非理性預期」估計不足，而導致政策上的「速敗」，並造成不可挽回的歷史性損失。它極大地改變了中國現代化的路徑，使得很多在當時已經被提上日程表的改革命題拖延下來，有的甚至是

無限期地拖延下來。甚至在某種意義上，「闖關」失利使得中國與全球的民主化浪潮擦肩而過。

1988年之後，宏觀經濟陷入低迷，全國上下彌漫著沉悶的緊張空氣。1989年春夏之際，社會矛盾空前激烈的中國發生了一場政治大動盪。一直到1992年前後，經濟才逐漸走出低谷，而之後的改革策略發生了重大轉變。

80年代：「一切改革都從違法開始」

儘管20世紀80年代的改革以十分陰鬱的方式落幕，然而，中國經濟卻迅猛發展，是亞洲地區成長最快的國家。就全球產業經濟的衍變而言，中國的崛起正是全球化的一部分。1980年第二次石油危機之後，傳統製造業從美歐、日本等發達國家向新興國家轉移，這是20世紀的後50年裏，最重要的一次全球化運動。中國非常敏銳及「湊巧」地抓住了這一「時間窗口」，積極推行對外開放的政策，利用勞動力、土地、稅收及環境成本的優勢完成了一次後發性的增長。與俄羅斯、印度、巴西等新興國家相比，中國無疑是最早、最積極，也是最成功的得益者。

就歷代經濟變革而言，20世紀80年代堪與西漢「文景」、唐初貞觀以及民國初期相比，是國史上少數的民營經濟得到鼓勵發展之時期，到1990年前後，鄉鎮企業的總數超過1500萬家，工業總產值已占到全國總值的1/3，實現利潤265.3億元，超過了國有企業體系的246億元。隨著民間財富增加和有產者階層的再度歸來，中國似

乎在一夜之間成爲一個世俗社會，人們對物質的追求變得越來越熾烈，信奉「時間就是金錢」，金錢可以像時間一樣衡量一切價值。全社會的「官本位」意識淡化，民間流傳諺語「擺了小攤，勝過縣官；喇叭一響，不做省長」，到1992年，全國至少有10萬名黨政幹部離職經商。在「均貧」格局被打破的同時，貧富差距開始拉大。

在20世紀80年代，中央政府做對了很多事，尤其是包產到戶的土地政策以及減輕財政支出的財稅大包乾政策，啓動了民間和地方政府的積極性，而其在貨幣政策上的冒進則導致了1988年的大失利，這再度印證了土地、財政及貨幣在中國宏觀經濟治理中的核心意義。在放權讓利的過程中，歷史上一再出現過的景象也毫無懸念地重現，那就是權威旁落，中央財政長期處於窘迫的赤字狀態，到1992年，全國財政收入3500億元，其中，中央收入約1000億元，只占總收入的28%，地方收入約2500億元，中央財政支出約2000億元，赤字1000億元，因此被譏笑爲「討飯財政」，時任財政部部長的劉仲藜回憶道，當時連某些中央機關都已經到了不借錢，工資發不出去的境地。

相對於中央政府，地方政府則出現了自主權限擴大和苦樂不均的景象。五大包乾政策極大地刺激了地方發展經濟的積極性。而由於各地的包乾基數是按80年代初期的數據核定的，所以一些在改革開放後迅速崛起的沿海省份上繳數額偏低，而傳統強省(市)則相對較高。比如，上海市一年上繳數額爲120多億元，廣東省則爲10億元，山東省(除青島外)僅爲2.89億元。苦樂不均的結果，自然造成

各自為政、「諸侯經濟」氾濫的混亂局面，妨礙了國內統一市場的形成和市場經濟的發展，各省俱以鄰為壑，為爭奪資源打得不可開交，以資源小省江蘇和浙江為例，兩省每年春季為了爭奪春繭在交界處必打「蠶繭大戰」。

總而言之，從1978年到20世紀90年代的最初兩三年間，是民間生產力得到極大解放的時期，改革的動力來自於計畫體制之外，由下而上，由外而內，因而也具有天然的違法性，曾有民間改革家自詡「一切改革都是從違法開始的」。在這一過程中，中國社會面目全非，很多堅硬的東西崩解了，四大利益集團的格局陡然改變。

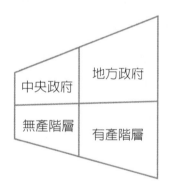

20世紀90年代初期四大利益集團的新格局圖

1989年的政治風波之後，意識形態趨於保守，儘管鄧小平在1992年重新推動經濟的市場化運動，但是，自由化所可能造成的對大一統制度的威脅為最高當局所警惕，尤其是1990年蘇聯的解體以及東歐各社會主義國家的「集體變色」，更是讓中國共產黨感到

了空前的執政危機。正是在這樣的背景下，「弱中央、強地方」、
「弱政府、強民間」的模式遭到質疑，經濟集權主義成為必然性的
選擇。

改革開放（下）：
集權主義的回歸

第十二講
改革開放(下)：
集權主義的回歸

　　在20世紀90年代之後，中國的經濟政策發生了微妙的目標性轉移：前十餘年的目標是復甦經濟，解決生產能力不足的問題，因此放縱民間，舉凡有利於生產力提升的俱得到鼓勵，即便突破了法律底線，亦受到容忍；自此之後，改革目標已轉移爲加強執政集團的領導能力，增強控制力以及在發展中獲得更多的利益，於是，中央向地方收權，政府與民間爭利，集權主義再度歸來。

　　1991年年底，年屆60歲的朱鎔基被鄧小平從上海市委書記任上抽調入京，出任主管經濟的副總理。朱鎔基自大學畢業不久即進入國家計委，其後在石油工業部、國家經委、中國社科院工業經濟研究所、上海市工作歷練，熟悉宏觀、產業、學術及地方經濟各個環節，是一位罕見的實務及理論大家，其爲人不苟言笑，以嚴厲、高效、清廉著稱。在他的治理下，經濟變革呈現出鮮明的集權化特徵。

分稅制：從增量改革到整體改革

朱鎔基上任之後，即以霹靂手段整頓經濟秩序，他採用銀行注資周轉和政府直接干預的方式，解決了國有企業之間的「三角債」難題，快刀斬亂麻的手法讓人耳目一新，隨即他兼任中國人民銀行行長，對民間融資行為進行嚴厲打擊，在爭議頗大的沈太福集資案中，力排眾議，將沈太福處以極刑。1993年，中國經濟再度出現投資過熱，上半年全國固定資產投資增長69%，生產資料價格總指數上漲44.7%。國務院推出「國十六條」緊急「降溫」，其中包括：提高存款和貸款利率，全面削減基本建設投資，重新審查地方批准的經濟開發區，整頓海南、廣西北海以及上海的房產投資熱。這些措施呈現出行政主導、積極干預的明顯特徵，並迅速取得成效。

在這一過程中，中央政府形成了新的改革思路，在決策層看來，走過了15年的漸進式增量改革之路後，應該進入整體改革的新階段，經濟體制乃是一部配置資源的機器，長期在體制外打「外圍戰」會帶來一系列的問題，因此必須把改革的對象與重點放在體制之內，使之與蓬勃發展中的、市場化的體制外力量形成制度性的匹配。1993年11月14日，中共中央十四屆三中全會召開，會議通過了《中共中央關於建立社會主義市場經濟體制若干問題的決定》，明確提出「整體推進，重點突破」的新改革戰略，宣佈未來的改革將不只在邊緣地帶進攻，而且要在國有部門打「攻堅戰」。

在這一戰略的引領之下，吳敬璉等人提出的整體配套體制改革方案被接納，中央政府圍繞價格、財政和稅收三大主題，實施了一

系列的重大變革，主要政策安排包括以下五個方面。

其一，**建立新的財政稅收體制**。將沿用多年的財政包乾制改造為新的分稅制，從而改變中央政府與地方政府的財政及稅收關係。

其二，**啟動金融－銀行體系的改革**。建立在中央政府領導下獨立執行貨幣政策的中央銀行體制，推進現有國有專業銀行的商業化經營和商業銀行的多元化。

其三，**進行外匯管理體制改革**。宣佈取消雙重匯率制，自1994年的1月1日起，兩種匯率實行並軌，實行「以市場供求為基礎，單一的、有管理的浮動匯率」，人民幣兌美元的匯率定為8.72：1，比之前的官方匯率5.7：1貶值33%。

其四，**推進國有企業的改革**。建立以股份制改造為目標的現代企業制度。

其五，**建立新的社會保障制度**。實行社會統籌與個人帳戶相結合的城鎮職工養老和醫療保險制度。

這些政策中，最為引人矚目的是分稅制的提出，它對後來的中國經濟格局影響最大，同時，也最具有爭議性。

以分稅制取代財政大包乾制，目的就是改變中央政府在收入分配上的被動局面。在朱鎔基和他的幕僚們看來，中央與地方政府的財權和事權必須進行重新的「合理設置」，否則，宏觀調控將缺乏堅實基礎。如果中央政府在改革中行動遲緩，地方則積極試點和力求擴展，那麼，加快改革很容易被理解為自下而上地衝破中央的領導和管理。

1993年7月23日，朱鎔基在全國財政會議上首次正式提出分稅制

的想法，一個多月後，分稅制改革的第一個方案推出，中央將稅源穩定、稅基廣、易徵收的稅種大部分上劃，消費稅、關稅劃為中央固定收入，企業所得稅按納稅人隸屬關係分別劃歸中央和地方；增值稅在中央與地方之間按75：25的比例分成。為了說服各省，朱鎔基在隨後的兩個多月裏，奔波全國，一一說服，其間頗多拉鋸、妥協。那段時間，朱鎔基壓力非常之大，到處都是反對之聲，他首站去的就是在財政大包乾制度下得益最大的廣東省，自謂「不入虎穴，焉得虎子」。朱鎔基成功地說服了廣東省，作為「代價」，他同意將土地出讓收入部分歸於地方政府，這為日後的「土地財政」埋下伏筆。①

分稅制的實施成效非常顯著，在這項制度執行的第一年——1994年，中央的財政收入比上一年猛增200%，在全國財政總收入中所占的比重由上年的22%急升至56%，但財政支出在全國總支出中所占的比重比上年只增加2%。

分稅制的推行是改革史上一個轉折性的事件，它帶來的最重要的結果，是中央在經濟權力和利益的分配中重新獲得主動權。從1995年到朱鎔基退任的2004年，中央財政收入平均占國家財政總收入的52%，但財政支出平均只占國家財政總支出的30%。

在制度原理上，分稅制是一項聯邦財稅制度，世界上大多數市場經濟國家均採用不同形式的分稅制，然而這一制度在中國卻發生

---

① 朱鎔基：《朱鎔基講話實錄（第一卷）》，人民出版社2011年版，第317—371頁。

「變異」，成了中央實現經濟集權的手段。作為分稅制的首倡者之一，吳敬璉在晚年對這一制度的實行現狀非常不滿，在他看來，推行分稅制的前提是必須清晰地劃分中央與地方的事權和支出分配，然而這兩項都被刻意地「迴避」了。[1]

首先是事權不清，特別是中央政府，將公共服務部分的大部分支出轉嫁到了縣以及縣以下的政府頭上，以2004年為例，地方財政收入在全國財政總收入中約占45%，但財政支出卻約占全國財政總支出的約72%。在教育事業費上，中央財政支出219.64億元，而地方財政支出3146.30億元，是中央的14倍多；社會保障補助方面，地方財政支出是中央的近7倍；支農支出是中央的10倍。在中央上收省裏的部分稅權的同時，地方也上行下效。省裏上收地市政府的財政稅收，而地市一級就上收縣鄉財政稅收，其結果是，省級以下地方政府的財權只餘下不到17%的水平，卻要負擔80%的民生和絕大部分公共事務的支出。由於「支出責任」的過度分散化，逼得地方政府不得不把自己變成「企業」去賺錢。

其次是轉移支付制度不完善，中央將大部分稅收持於手中，卻不公開財政支出細目，拒絕建立對話協商機制，應轉移到地方的那部分從來不與地方討論，不接受監督，而是以「專案建設」的方式落實，投資及決策權力集中於國務院的發展改革委員會及各大部

---

[1] 吳敬璉：《當代中國經濟改革：戰略與實施》，上海遠東出版社1999年版，第319頁。

委，地方政府毫無話語權，只好在北京設立「駐京辦」，出現了所謂「跑部錢進」的惡劣局面。地方一「跑部」，中央的權威當然就至高無上了。

這兩個問題，直白地說就是：地方把大部分的錢交上去了，但要花的錢卻越來越多，中央把大部分的錢收上來了，但怎麼花卻從不跟地方商量。C.E.林德布洛姆在《政治與市場：世界的政治－經濟制度》一書中指出，政治權力制度在更宏觀的層面上為經濟運行規定了一種基本環境，形成了所謂的「統率性規則」。[①] 基於聯邦政體的分稅制在中央集權政體的中國發生「變異」，正是這一規則的生動體現。

1998年的「三駕馬車」

1998年3月，朱鎔基當選新一屆的國務院總理。在全國「兩會」的記者招待會上，他即席慷慨發言，宣稱：「不管前面是地雷陣還是萬丈深淵，我都將一往無前，義無反顧，鞠躬盡瘁，死而後已。」也正是在這一年，他為日後的中國經濟打造出了「三駕馬車」。

從1997年夏季開始，美國的對沖基金狙擊亞洲各國貨幣，引爆

---

① 參見C. E. 林德布洛姆：《政治與市場：世界的政治－經濟制度》，王逸舟譯，上海人民出版社1997年版。

「亞洲金融危機」，泰國、馬來西亞、菲律賓、印尼及韓國的資本市場相繼失守，菲律賓、馬來西亞和印尼的中產階級財產分別縮水50％、61％和37％，中國香港地區、新加坡和泰國的居民資產則跌去了44％、43％和41％。金融風暴肆虐周邊各國和地區，自然會影響到中國的產業經濟和民眾心態，股市陷入低迷，消費市場更是一派蕭條，到1997年中期，全國的工業庫存產品總值超過了3萬億元，出現了「結構性過剩」的現象。朱鎔基曾在會議上承認，95％的工業品都是供大於求，「東西多了，沒有不多的」。更讓人擔憂的是，當時國有企業的下崗工人總數達到了創紀錄的1275萬人，其中只有少數人找到了新工作。1998年6月，長江流域遭受百年一遇的大洪水，29個省市受災，死亡數千人，經濟損失巨大。在金融危機和天災的雙重打壓下，中國出現了自1988年之後的又一次大蕭條。

正是在這種「稍有不慎，便可能跌入萬丈深淵」的時刻，朱鎔基以三大經濟政策，將中國經濟拉出泥潭。

首先，啟動城市化建設。朱鎔基宣佈實施「積極的財政政策」，從1998年到2001年間，政府發行長期建設國債5100億元，各大國有商業銀行發放同等額度的「配套資金」，主要投資於基礎設施建設，如修建高速公路、鐵路和大型水利工程等，同時，中央銀行先後七次降低存貸款利率，增加了貨幣供應。

其次，開放外貿的進出口自主權。國務院相繼推出政策允許民營企業自營出口，大大刺激了外貿的積極性。亞洲金融危機後，亞洲四小龍經濟元氣大傷，相對而言，未受重創的中國經濟則出現了

「水落石出」的效應，價廉物美的中國商品開始遠征全球，從而催生了「中國製造」的繁榮景象。

最後，刺激內需，開放房地產市場。1998年7月，國務院作出重大決定，黨政機關一律停止實行了40多年的實物分配福利房的做法，推行住房分配貨幣化。幾乎同時，中國人民銀行頒佈《個人住房貸款管理辦法》，允許商業銀行開展住房按揭貸款的服務。這兩大措施，直接刺激了房地產業的復甦。

這三大政策分別著力於投資、出口和內需，由此構成拉動經濟復甦的「三駕馬車」。在哀鴻遍地的1998年，中國經濟率先觸底反彈，「否極泰來」。正如全球經濟史上一再發生的景象一樣，一次重大的經濟危機往往會伴生出一個經濟強國，在危機四伏的亞洲金融風暴中，中國幸運地扮演了這樣的一個角色，它不但沒有被擊倒，甚至逆流而上，一舉取代日本而成為亞洲經濟的火車頭。

國有企業的絕地復甦

在朱鎔基出任國務院副總理之前，國有企業改革一直以放權讓利和推行承包制為主要手段，至1992年6月，國務院還頒佈了《全民所有制工業企業轉換經營機制條例》，賦予企業14項經營自主權。然而，這些試圖繞開產權清晰而展開的種種放權性措施，都被證明是極其失敗的。進入1995年之後，國有企業的經營狀況持續惡化，幾乎到了難以為繼的地步，國務院發展研究中心的一份報告顯示，國有企業的虧損面超過40％，企業負債率平均高達78.9％，與

10年前相比，資產增長了4.1倍，債務則增長了8.6倍。

朱鎔基很快放棄了沿襲了十多年的思路。他認定國家已經無力照顧數以十萬計的「親生兒子」，必須有所放棄。1995年9月28日，中共十四屆五中全會通過了《中共中央關於制定國民經濟和社會發展「九五」計畫和2010年遠景目標的建議》，對國有企業改革提出了新的思路，宣佈實行「抓大放小」的改革戰略。

所謂抓大，就是模仿日韓的大公司模式，選擇一些有市場競爭力的企業，在金融信貸政策上予以扶持，通過「實業－金融」混業經營模式使之迅速壯大。1996年，中央政府對1000戶重點企業中的300家明確了各種信貸扶持政策。同時，國家經貿委宣佈，未來幾年將重點扶持寶鋼、海爾、江南造船、華北製藥、北大方正、長虹這6家公司，力爭使它們在2010年進入「世界500強」。在中央政府確定了「國家隊」之後，各省應聲而動，紛紛開出自己的扶持名單，宣佈將在若干年內將它們送進「中國500強企業」之列，而各地市則相應地提出了打造「省級百強企業」的構想。

所謂放小，就是將那些經營業績不好、非支柱產業中的地方中小型國有企業以「關停並轉」為名，向民間出售，若無人要，則予以破產。此舉在當時的意識形態領域引起很大爭議，保守者視之為「國有資產流失」，有人寫「萬言書」控訴朱鎔基是國有經濟的「敗家子」。

然而到1998年，「抓大放小」戰略忽然終止。在亞洲金融危機中，日本及韓國很多奉行混業經營模式的大財團相繼陷入困境，特別是曾排名世界500強第28位的韓國大宇集團的破產，給中國經濟

界以極大的刺激。此後，「抓大」戰略悄然轉軌，國有資本開始逐漸從紡織、家電、食品等競爭性領域中退出，轉而在資源、能源、重化工等所謂戰略性部門形成了主導和壟斷的地位，這些領域中的國有資產進行了大規模的重組。在當年，這一策略被稱爲「國退民進」，此所謂「退」，並非指國有經濟退出產業領域，而是退縮到產業的上游地帶，以形成寡頭或多寡頭經營的優勢。

「國退民進」運動從1997年開始試驗，1998年大規模推廣，一直到2003年進入尾聲，它意味著20年來以機制轉換和放權搞活爲主題的國有企業改革運動的悄然終結，中國企業的所有制格局爲之一改。2002年，一份《中國私營企業調查報告》顯示，在過去的4年裏，有25.7%的被調查的私營企業是由國有企業和集體企業「改制」而來，在這些企業中，以東部地區的所占的比重最大，爲45.6%，也就是說，將近一半左右的東部私營企業是由國有企業改制而成的。

一個令人吃驚的事實是，作爲國有企業改革最重大的戰略調整，「國退民進」一直沒有形成一個全國性的、法制化改革方案，這是這次改革最奇異的地方，各地依照「摸著石頭過河」的思路，八仙過海，各顯神通，出現了數十種產權量化出讓的手法。國有企業經營者與地方政府、銀行上下其手，據國有資產爲己有，而數以千萬計的產業工人則以「工齡買斷」的方式(一般是一年工齡折算爲800到2000元，南方低，北方高)被迫離開工作崗位。

有一個細節應該被記錄下來：當時官方的統計顯示，全國下崗工人的總量約爲1500萬人，成了非常可怕的「社會炸彈」。在1998

年前後，世界銀行和國務院體改辦課題組分別對社保欠帳的數目進行過估算，一個比較接近的數目是2萬億元。一些經濟學家和官員建議，劃撥近2萬億元國有資產存量「做實」老職工的社會保障個人帳戶，以補償這些下崗工人爲改革所付出的代價。2000年年初，國家體改辦擬訂了相關計畫，最終卻遭到國務院的否決，其理由是「把國有資產變成了職工的私人資產，明擺著是國有資產的流失」。晚年吳敬璉在評論這一往事時，用了八個字：「非不能也，是不爲也。」

產權清晰化運動中的經營層暴富以及上千萬產業工人的被拋棄，再次展現出中國經濟變革的殘酷一面：非均衡的發展造成非均衡的財富分配，在經濟復甦和物質財富增長的過程中，基層農民及產業工人付出了最大的代價。

「大國崛起」與朱氏邏輯

朱鎔基在1994年和1998年的兩次精彩表現，讓他成爲20世紀末最後幾年裏全球最引人矚目的政治家和經濟治理大師。在之後的2001年，他又通過艱難的談判，率領中國加入了世界貿易組織。在他的治理下，中國創造了連續12年沒有爆發通貨膨脹、年均GDP增長率高達9%的經濟奇蹟，CPI（消費物價指數）長期低於3%（1998年到2001年，CPI分別爲-0.6%、-1.3%、0.8%和0.7%）。這段時期堪稱當代中國歷史上經濟發展最快的「黃金時期」，也是自19世紀70年代洋務運動之後，國民財富積聚最多的「大國崛起」年代，

在此期間，中國的經濟總量相繼超過了法國、英國和德國，躍居世界第三。

中國經濟在產業結構、國有經濟贏利模式、製造業格局、地方財政收入模式以及國民財富分配等方面，均發生了戲劇性的重大轉變。

首先是產業結構從輕型化向重型化的戰略性轉型。

隨著公路交通投資以及房地產市場的升溫，中國從此進入城市化建設的新時期，各種原材料及能源因緊缺而價格一路飛漲，特別是水泥、鋼鐵的價格到了「一月三價」的地步，進而刺激了對上游產業的大規模投資。2002年，全國鋼鐵行業的投資總額為710億元，比上年增長45.9％，2003年，這個數字達到了1329億元，投資增長96％。與鋼鐵行業類似的是，電解鋁的投資增長了92.9％，水泥投資增長了121.9％。

與能源產業投資熱的迅猛升溫幾乎同時展開的是，國有企業集團正策略性地向產業上游領域「退縮」，它們因此成為了此輪投資浪潮的最大獲益者。到2003年前後，國有經濟的面貌已煥然一新。朱鎔基離任前的最後一項重要佈局是設立了國有資產監督管理委員會，將壟斷能力最強、資產規模最大的189家超大型國有企業定義為「中央企業」，其資產總額7.13萬億元，所有者權益2.59萬億元，基本聚集於石油、鋼鐵、金融、通信等傳統壟斷性產業，這些「中央隊」成為國有經濟的「基本盤」。

在產業的中下游，由民營企業集團控制的服裝、食品及機械、電子製造產業則成了外貿政策放鬆的獲益者，廣東、浙江以及江蘇

等省的中小企業紛紛轉戰國際市場，製造能力得到了極大的釋放，「Made in China」對全球的製造業格局產生了深遠的、不可逆轉的影響。

房地產市場的「鬆綁」則帶來三個重大效應。

其一，在分稅制改革中喪失稅源的地方政府以出讓土地為主要增收手段，以「城市經營」為名，大肆炒作地價。2005年，全國地方財政收入1.44萬億元，而同年，作為地方政府預算外收入的土地

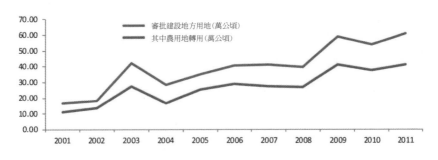

全國審批建築用地走勢圖（圖片來源：民生證券研究院）

出讓金收入高達5500億元，約為1/3，到2012年，土地出讓金收入已達到2.68萬億元，占地方財政收入的48.4%，加上1.8萬億元的土地相關稅收收入(其中一小部分與中央分享)，地方政府對土地形成嚴重的依賴。地價高漲不止，成為困擾中國經濟的一個頑症。

其二，房地產替代製造業成為新的高贏利產業。到2001年，名列《福布斯》中國富豪榜的前100位的富豪中，有六成來自地產業，其後十餘年這一比例從未下降過，這當然讓從事製造業的企業

家們非常沮喪。在美國歷史上，儘管也有地產暴漲的時期，但在名列全美前100位的富豪中，地產商的比例從來沒有超過5%。

其三，隨著中心城市房價的持續上漲及貨幣的大規模增發，越來越多的城市居民購買房產，視之為財富增值及抵抗通貨膨脹的避險性投資，在後來的十餘年內，房價水漲船高，成為民間財富配置的「變壓器」。農民、城市低收入階層以及剛剛進入職場的年輕人，在這輪財富暴漲期中幾無所得，尤其是80後、90後一代，不得不將未來的20年乃至30年生命「透支」於一套房子。

上述演變呈現出非常清晰的軌跡，構築出21世紀中國的基本面貌，直至今日，所有的經濟特徵仍未跳出朱鎔基當年布下的「變革之局」。在這一過程中，四大利益集團的格局也赫然變形。1994年之後的重新集權是一整套精心設計的關於國家能力建設的制度改革，中央政府重新獲得了經濟的主導權，並通過靈活的貨幣、信貸和產業政策，將之牢牢握於手中。

朱鎔基的經濟思想很難籠統地用「計畫經濟」或「市場經濟」來定義，事實上，他遭到過來自保守派及自由派兩個方面的猛烈夾擊。1996年12月，朱鎔基觀看話劇《商鞅》，當演至商鞅被車裂而死時，他「為劇情所動，潸然淚下」。這是一個很有歷史寓意的場景。更準確地說，朱鎔基既不是保守派，也不是自由派，他確乎是一位傾力重塑中央權威的經濟集權主義者，在中國歷史上，堪與之相比較的正是那些才華超眾、褒貶不一的集權主義大師們——從商鞅、桑弘羊、劉晏、王安石到宋子文。也許很多年後，人們仍然會為如何評價朱鎔基而爭論不休。

從鐵本案到四萬億計畫：第六次「國進民退」

任何制度如同胚胎，一旦形成便會慣性生長，具有自我實現的能力，若沒有良好的制衡性機制，其最終的形態甚至會超出設計者的初衷和預期。20世紀90年代之後的中國正陷入這樣的制度慣性之中，缺乏地方政府和民間勢力制衡的中央集權日漸對經濟發展造成了負面影響，與自由資本構成競爭和壓抑後者的格局，尤為獨特的是，這是一個不自覺的過程。

2002年10月，中共召開「十六大」，大會報告中描繪了未來中國經濟的成長模式，提出要轉變經濟增長方式，走一條「科技含量高、經濟效益好、資源消耗低、環境污染少、人力資源優勢得到充分發揮的新型工業化路子」。由此可見，在內需和外貿兩頭旺盛的景象下，高效率的集約化改造是市場競爭的必然結果。

可是，十年之後來看，這條新興工業化道路並沒有呈現出來，原因正在於：第一，持續的城市化運動使得高耗能的重型化投資仍然有巨大的利益空間；第二，居於產業上游的國有企業因壟斷而坐享其利，根本沒有提高科技投入的積極性，而居於產業中游和下游的民間資本則受困於產業和金融管制，無法發揮其積極性。

民營資本遭受排擠的景象，從2003年年底就開始出現了。當時，面對發生在能源領域的投資熱潮，國務院下達《關於制止鋼鐵、電解鋁、水泥等行業盲目投資若干規定的通知》，並組織來自審計署、發改委、財政部、國土資源部、建設部、農業部、商務

部、人民銀行等部門的人員，組成8個督查組分赴各地清查。清查重點便是那些進入三大行業、「盲目投資」的民營企業。其中遭到高調處理的是江蘇常州的鐵本鋼鐵公司，溫家寶總理親自飛抵蘇州督戰，九個部委組成專項檢查組趕赴常州對鐵本進行全面檢查，認定了「越權分拆審批、違規徵地拆遷、騙取銀行信貸、違反審貸規定、大量偷稅漏稅」五大罪狀，將之定性為「一起典型的地方政府及有關部門嚴重失職違規、企業涉嫌違法犯罪的重大案件」，鐵本董事長戴國芳被捕入獄。

以此為分水嶺，許多民營企業在鋼鐵、電解鋁及水泥等行業的投資專案紛紛擱淺。然而，就當民營資本被嚴令喊停的時候，國有資本則紛紛大踏步挺進。以「投資過熱」最為嚴重的鋼鐵業為例，在嚴厲處理鐵本的2004年，全國只有兩家鋼鐵廠的鋼材產量超過1000萬噸，而到2005年則一下子猛增到了8家，其中除了沙鋼，均為國有大型企業。到2006年3月，在羈押兩年之後，戴國芳受審罪名為「虛開抵扣稅款發票罪」，當初被九部委鐵板認定的「五宗罪」無一被指控。

民營資本在2004年的慘敗，令人印象深刻。時任全國工商聯主席黃孟復曾用「玻璃門」來形容民營企業所面臨的尷尬局面，他描述道：「一些行業和領域在准入政策上雖無公開限制，但實際進入條件則限制頗多，主要是對進入資格設置過高門檻。人們將這種『名義開放、實際限制』現象稱為『玻璃門』，看著是敞開的，實際是進不去的，一進就碰壁」。在一次懇談會上，浙江萬向集團的魯冠球當面請教溫家寶，對鐵本的處理是否意味著國家政策的

轉變。

民營企業家們的失望情緒曾讓決策層頗為緊張，2005年2月，國務院發佈《關於鼓勵支持和引導個體私營等非公有制經濟發展的若干意見》，這是新中國成立以來首部以促進非公有制經濟發展為主題的中央政府文件，其中有放寬市場准入、加大財稅金融支持、改進政府監管等多項措施，因文件內容共36條，這份文件通常被簡稱為「非公36條」。這份文件一度被視為民營經濟的重大政策利好，可是，從日後的執行來看，幾乎均無落實。

事實上，在經歷了2004年的宏觀調控後，國有資本與民營資本的產業界線已然劃定：前者在資源、能源性領域取得了壟斷性的地位，而後者則被壓縮在中下游的產業領域，如歷史上一再出現的景象，兩者楚河漢界，涇渭分明。因壟斷的生成，國有企業集群的效益出現全面復甦，在國資委成立後的三年裏，中央直屬企業的主營業務收入增長78.8%，年均遞增21.4%；利潤增長140%，年均遞增33.8%；上繳稅金增長96.5%，年均遞增25.2%；國有資產保值增值率達到144.4%。2006年，民營企業家、萬通集團董事長馮侖撰文描述了民營企業的失望情緒和可悲的生存之道：「民營資本從來都是國有資本的附屬或補充，因此，最好的自保之道是要麼遠離國有資本的壟斷領域，偏安一隅，做點小買賣，積極行善，修路架橋；要麼與國有資本合作或合資，形成混合經濟的格局，在以自身的專業能力與嚴格管理為國有資本保值增值的同時，使民營資本獲得社會主流價值觀的認可，創造一個相對安全的發展環境。……面對國有資本，民營資本只有始終堅持合作而不競爭、補充而不替代、附

屬而不僭越的立場，才能進退裕如，持續發展。」這段文字心酸悲觀，頗可以與1945年榮德生的那封寫給政府的書信前後呼應。

2008年秋季，全球爆發金融危機，中國的外貿產業嚴重下滑，自此結束了長達十年的黃金時期，而國內經濟也出現衰退和蕭條跡象，中央政府在年底果斷推出「四萬億經濟刺激計畫」，全面加大鐵路、公路、城市軌道交通等基礎設施建設，使得中國經濟在半年後率先「V形見底反彈」，在這一投資熱潮中，國有企業得到超過九成的信貸款項，民營企業再次成為「旁觀者」和下游承接商。

2010年5月，國務院再次下達了一份鼓勵民營經濟發展的文件，名為《關於鼓勵和引導民間投資健康發展的若干意見》，鼓勵和引導民間資本進入基礎產業和基礎設施、市政公用事業和政策性住房建設、社會事業、服務等領域，時稱「非公新36條」。然而這一次民間資本對此類宣示表現得已遠不如五年前那麼積極。

在國資委成立的十年裏，國有資本集團重新成為國民經濟的主力。來自全國工商聯和國資委的資料表明，截至2012年年底，全國私營企業數量為1085.72萬戶，註冊資本31.1萬億元，實現營業收入20.1萬億元，而歸屬於國資委的中央企業數量為120家，資產總額31.2萬億元，實現營業收入22.5萬億元。「中央隊」呈現出「以一敵十萬」的強悍實力。在贏利能力上，央企的表現更是耀眼，僅五家國有銀行的全年利潤就超過1萬億元，相當於全國民營企業500強的淨利潤總和的兩倍。與國企相比，民營企業只在就業一項上取得了絕對性的優勢：它們解決了90%的就業人口。

在國有資本集團空前強大的同時，民營資本集團出現疲軟之

勢，大量資金從實體經濟中撤出，或用於奢侈消費，或用於投機牟利，有產者階層出現了移民潮。據中國與全球化研究中心發佈的《中國國際移民報告(2012)》顯示，個人資產超過1億元的超高淨值企業主中，有27%已移民，47%正在考慮移民，理由為「不安全、不方便、不幸福」，另外，胡潤研究院發佈的《2013中國千萬富豪品牌傾向報告》顯示，對當前經濟僅有25%的企業家「非常有信心」，三年前為56%。在一個連續四年保持全球經濟增長第一的國家裏，竟有超過七成的企業主對經濟的前景缺少信心而欲離開，這是一個令人難以理解和需要警惕的事實。

在中國百年現代化歷史上，從鐵本案到「四萬億計畫」，可以被看成是繼1945年敵產國營化及1956年公私合營運動之後的第六次「國進民退」，也可謂又一輪「放權—集權」的歷史性周轉。

與前五次「國進民退」所不同的是，在這一輪資本博弈中，決策層表現出了極度矛盾和分裂的戲劇性心態，在國有資本的兩次大規模挺進中，中央政府又先後兩次頒佈鼓勵民營經濟發展的重要文件。由此，我們最近距離地觀察到了中國經濟治理的經典性困境：國有經濟被認定為中央集權和政權穩定的經濟、政治保證，而民營經濟則承擔提高生產效率和創造就業的職責，兩者之間的競爭關係始終無法得到合理的調配，最終造成資源配置和財富分配的不合理，從而導致經濟成長的畸形化。決策層對這一衝突並非沒有察覺，而是陷於技術性的困頓。在2012年3月全國人大的政府工作報告中，溫家寶總理提出了改革中的「兩個毫不動搖」，即毫不動搖地鞏固和發展公有制經濟，毫不動搖地鼓勵支持和引導非公有制經

濟。那麼，這兩個「毫不動搖」孰輕孰重，一旦前者「動搖」了後者，或後者「動搖」了前者，又當如何處置？

發展與公平：2013年的雙重困境

2012年年底，中共「十八大」選舉產生了以習近平為總書記的新一代中央領導集體。此時，改革進入第三十五個年頭，中國經濟如同一艘帆船，駛進了一段看似平靜卻暗流湧動的大峽谷。

其一，「三駕馬車」成跛腳之勢，經濟增長速度放緩。外貿經濟受國際環境影響始終復甦乏力，外貿物量的增速只有5.7%，大量外向型中小企業歇業破產；一直是內需和地方財政收入支柱的房地產從2009年年底開始因過熱而遭到嚴厲調控，受其影響，鋼鐵、水泥、機械裝備等重型產業全行業虧損；中央政府從2012年5月起再次押寶於投資，加大了鐵路、城市軌道等基礎設施的投資。在2012年，全年GDP增長7.8%，創下自1999年以來經濟增速的最低值。

其二，貨幣嚴重超發，通貨膨脹壓力巨大。2003年以來，中國進入了一個寬鬆貨幣政策時期，年均的貨幣增發量一直是GDP增速的2~3倍，廣義貨幣總量從2002年年底的18.3萬億元猛增到2012年年底的97.4萬億元，一舉超過美國的8.8萬億美元，成為全球貨幣發行量最大的國家，而中國的GDP只有美國的52.5%。

其三，實體經濟持續低迷，地方政府債臺高築。因產業轉型乏力以及受地產調控的拖累，處於產業中下游的製造業普遍開工不足，而一直依賴土地收入的縣市財政捉襟見肘，地方政府的債務總

額從2008年的2萬億元增加到11萬億元，不堪其重。為了完成經濟增長的「硬指標」，各地政府不得不「飲鴆止渴」，一方面加緊對民間的徵稅，另一方面仍然瘋狂投資。

除了經濟面的「發展困境」之外，更大的「公平危機」發生在社會層面。

三十多年的改革總體而言，是一個全民普惠的過程，然而，受惠的比重卻大有不同，根據多家機構的數據顯示，中國當前的基尼係數已接近0.5，這意味著貧富差距的拉大，財富分配的極不公平，因此，在知識界，對「權貴資本主義」的警告不絕於耳，在民間，存在著仇富、仇官心理。2013年的中國，似乎正在成為一個「失去共識的年代」。那些耳熟能詳的鄧氏語言如今都被打上了質疑的問號，比如「讓一部分人先富起來」、「不管白貓黑貓，抓住老鼠就是好貓」、「摸著石頭過河」、「發展是硬道理」，等等。

百年現代化進程中的幾個原則性理念也遭到了空前的質疑。

中國的現代化開始於一個巨大的歷史悲劇，列強入侵，帝國羸弱，如李鴻章所疾呼——中國面臨「三千年未有之變局，三千年未有之強敵」，所以國家強大成為最強烈乃至唯一之全民共識。時至今日，中國的經濟總量已然超越日本，而且將在未來的十多年內超過美國，不可謂不是一大強國矣。於是，在許多國民心中，新的問題已經油然而生：國家富強，與我何干？如果我的國家是全球第二或第一大經濟體，可是，我買不起房、看不起病、上不起學，我的家園要被強拆，我的子女要喝毒奶粉，那麼，強國的意義又在哪裏？強國與利民本是相互依存的命題，當後者不至，前者自然

暗淡。

　　當今中國的四大利益集團都形成了各自的利益格局，而且均非常強大，擁有各自的話語權和利益判斷標準，然而，共識缺乏，目標多元，公平——政府與民間的公平、中央與地方的公平、有產者與無產者的公平——成為一個最為重大、亟待化解的社會改革命題。

　　若將2013年放諸「歷史的三峽」中，我們看到的是一個既熟悉又陌生的中國。

回到歷史的基本面

結語
回到歷史的基本面

　　展讀至此，你也許會認同我的這個觀點：如果不研究歷代經濟的變革，其實無法眞正理解當前的中國。

　　在這本書中，我們的解讀一直圍繞著幾個關鍵字：財政、貨幣、土地、產業政策。在這些看似枯燥卻有著各自魔力的經濟名詞背後，湧動著的是四大利益集團的權益分配與貧富均衡。這是一個漫長的、以大一統爲主題的大國遊戲，某種意義上，它與一切貼著「某某主義」標籤的意識形態主張無關，當然也不是103歲的羅納德‧科斯所歸結的「人類行爲的意外後果」。

　　在我創作本書的2013年3月，新一屆中央政府領導人履新上任，關於經濟改革的「頂層設計」再次成爲十分熱烈的話題，其中不乏各個利益階層、左中右的意見。讓人遺憾的是，我們還沒有看到一個成熟的、爲各方接受的方案。作爲一個經濟史和當代公司案例的研究者，我並沒有能力完成方案設計的工作，在這裏，我試著回到「歷史的三峽」之中，給出幾個基礎性的判斷。

一個不容置疑的前提：「統一文化」是一切自由化改革的邊界

由於中華民族對國家統一的天然、終極性訴求，在兩千多年的時間裏，中國一直保持著中央集權的政治體制，在歷史上，從來沒有另外一種政治制度能夠保證統一的維持。也正是在這個意義上，中國對集權的容忍度遠遠高於其他國家。而這種國家治理邏輯顯然與西方在工業革命以後形成的自由貿易和市場經濟原理，存在內在的衝突性。

自由化的市場經濟變革勢必將削弱中央的集權能力，最近兩次短暫的放權型變革試驗——即民國初期（1916—1927年）和改革開放初期（1978—1989年），儘管刺激了民間經濟的高速發展，然而都沒有尋找到維持社會穩定的良方。尤為可怕的景象則是，若分權失控，一些邊疆地區出現獨立事件，則更是任何改革者所無法承受的代價。所以，我們必須理智地承認，「統一文化」是一切自由化改革的邊界。

這是一個十分痛苦的結論，也許我們這一代人終其一生都無法找到其他的抉擇。

中華民族之外的外部人，其實無法真切地理解其中的苦衷。以研究貨幣和帝國政治經濟史聞名的英國歷史學家尼爾·弗格森在自己的著作中寫道：「更近期的一種西方學術假設是，中國長期以來的政治大一統給這個國家的技術和戰略發展帶來了窒息性的效

果。」① 這似乎是西方學界的共識，然而，這種籠統性的結論很可能把中國問題引向一個簡單化的、非此即彼的歸宿。

　　我們看到的歷史事實是，政治大一統曾經在長達一千多年的時間裏讓中國的文明程度和經濟成長領先於世界。如果說，大一統給這個國家的技術和戰略發展帶來了「窒息性的效果」，那麼，這是制度必然的邏輯推導，還是制度劣質化之後的結果？而答案如果是後者，那麼，有沒有一種良性化改造的可能性？最近三十多年的中國經濟大崛起，又將弗格森式的結論帶入了一個新的矛盾境地：此次經濟改革是中國共產黨人作為一個執政集團，打破計畫經濟意識形態的迷思，以實用主義的方式重新尋找到發展經濟、穩定政權模式的過程，在大一統的框架之下，中國實現了自工業革命以來，全世界最長久的可持續增長——除了中國，沒有一個國家的經濟增長以年均9%的速度保持了30年之久。

　　生活於21世紀的中國人，大抵都已具備一定的現代意識，對專制獨裁的厭惡及反對日漸成為社會常識。時至今日，民間呼籲推進法治化、維護司法獨立、強化民主監督的聲浪日漸高漲，決策層也不斷釋放正面資訊，習近平總書記表示共產黨願意接受「最尖銳的批評」，要求「把權力關進籠子」，李克強總理更在就職新聞發佈會上感慨「觸及利益比觸及靈魂還難」，並承諾「依憲治國」，

　　① 尼爾・弗格森：《巨人：美國大帝國的代價》，李承恩譯，華東師範大學出版社2007年版，第234頁。

「使明規則戰勝潛規則」。這些都表明，中國的政治治理也許在未來有得到一定程度的改善的跡象。

不過，歷史是否眞的會以塞繆爾·亨廷頓和弗蘭西斯·福山的方式「終結」，始終還是一個令人好奇的問題。很多研究東亞模式的學者都發現，市場導向的專制主義國家在經濟發展初期肯定比民主國家的速度更快。可是，在人均GDP破3000美元之後，便可能陷入「中等收入陷阱」，治理體制與經濟發展的衝突變得難以調和。中國的人均GDP在2008年達到3400美元，四大利益集團之間的矛盾也正是在這之後變得尖銳起來。新加坡學者鄭永年在《中國模式：經驗與困局》一書中提出過自己的困惑：「在西方，是經濟的發展、資產階級和其他社會力量的崛起最後馴服了專制的國家權力，但是在發展中社會，國家（或者政府）必須生產出資本主義並推動經濟發展」。進而，他提出的理論難題是，「在西方，正是社會力量的壯大才馴服了國家力量。但是當社會經濟的變遷要由國家來推動時，誰來馴服國家權力呢？」①

目前的東亞各國及地區，菲律賓的改革失敗了，新加坡的改革充滿爭議，韓國經驗難以複製，越南的改革讓人期待但前途未卜，臺灣實現了民主但經濟陷入停滯。作爲一個「超級大國」，中國面臨的困難比上述列國及地區都要大很多。當今中國，極左的民粹主義和極右的自由主義，如同兩條隨時可能失控的大龍，盤旋在上

---

① 鄭永年：《中國模式：經驗與困局》，浙江人民出版社2010年版，第43—44頁。

空，爲改革增添許多的不確定性。一旦中國因改革失誤而發生動
盪，對東亞乃至全球經濟和政治格局的衝擊遠非百年前可比，恐怕
世界都沒有做好準備。

任何形式的激進主義，在中國都如同一盞大紅燈籠上的配飾，
而非光亮本身。所以，一個保守性的結論是：在看得見的未來，
中國的經濟和政治改革很可能是一次以自由市場化爲取向、以維持
「統一文化」爲邊界、在民主法治與中央集權體制之間尋找平衡點
的非西方式改革。內在的問題與生俱來，需要尋找出一種「基因突
變」式的解決之道。這次變革的時間長度很可能超過我們這一代人
的生命長度。

兩個永恆性的主題：分權與均富

兩千多年以降，中華經濟治理的永恆主題只有兩項，一曰分
權，一曰均富。

在歷史上，我們一再看到這樣的景象，中國因擁有最廣袤的內
需市場和喜樂世俗消費的民眾，經濟的復甦從來不是一件特別困難
的事情。早在20世紀30年代，歷史學家傅斯年就給出過一個經濟興
衰週期說，根據他的觀察，中國只要有70年穩定期，必定重獲大繁
榮，從秦末大亂到「文景之治」，從隋文帝統一到唐太宗的「貞觀
之治」，從宋太祖結束五代十國到范仲淹一代的中興，以及清代的
「康乾盛世」，期間均不過兩三代人。在他看來，中國若無戰亂，
十年可恢復，三十年可振興，五十年到七十年必成盛世。在這樣的

史觀下，1978年之後中國經濟的復甦，以及在未來的二十年內，中國經濟總量超過美國而再度成為全球第一大經濟體，似是週期重演，乃「必然」發生的大概率事件。

然而，除興盛規律之外，歷朝歷代的經濟治理還有「先開放、後閉關」的規律，往往一開放就搞活，一搞活就失衡，一失衡就內亂，一內亂就閉關，一閉關就落後，一落後再開放，朝代更迭，軸心不變，循環往復，無休無止。過往的漢、唐宋、明清、民國，莫不落入這一閉環邏輯。而導致這一週期性治理危機的根本原因，正在於權益和財富分配的失衡。

在中央集權體制之下，所謂分權，主要指的是兩類分權，即中央政府與地方政府的權益分配、政府與民間的權益分配。在我看來，這兩種分權存在內在的關係，若沒有中央對地方的分權，政府對民間的分權便不可能發生。

早在封建制度形成的最初時期，中央與地方的集權─分權矛盾便已爆發，「文景之治」末期的晁錯削藩以及因此引發的「七國之亂」便是表現得最突出的事件。中華民國時期，國民黨人始終沒有處理好中央政府與地方軍閥之間的關係。1949年之後，強勢的毛澤東多次搖擺於「集分」之間：1950年，地方財政收入一律上繳中央，實行收支兩條線，是為高度集權；1956年，毛澤東發表《論十大關係》，開始充分放權；1962年，「七千人大會」召開，強化集中制和全國一盤棋，再次集權；1966年，「虛君共和」、「連人帶馬全出去」的提出，又是大放權；20世紀70年代，國民經濟發生系統性紊亂，中央再度大集權。1978年改革開放之後，中央與地方

的權益分配模式又有兩個階段——以1994年的價財稅整體配套體制改革為界，前期的「財政包乾、分灶吃飯」，是為大放權時期，因分權過度而形成「弱中央、強地方」的格局，於是在其後，以實施分稅制為手段重新實行集權。

2008年全球金融危機之後，中國經濟進入新的調整期，中央與地方在經濟領域的矛盾呈激化之勢，中央財政及一百多家中央企業的獲益能力越來越強，而地方收入則嚴重依賴於土地財政，2012年年底開始試行的「營改增」更是從縣區收入中劃走一塊。在今後，隨著城鎮化戰略的實施以及各項社會保障制度的健全，地方支出的需求不是減少而將大幅增加，因此，重新調整中央與地方的財政關係，擴大地方政府的行政權限和良性增收能力，已是宏觀經濟改革的首要課題。其可能的領域包括：通過稅制改革，抑制地方政府的賣地衝動，形成可持續的收入模式；將中央企業在地方的稅收分成大幅提高，用於各地的社會保障制度投入；提高地方政府的資源稅留成比例；在監管到位的前提下，改良地方政府的投融資平臺。總而言之，只有中央與地方重新切分「蛋糕」，才可能在未來繼續做大「蛋糕」。

至於均富，也分為兩類，即政府與民間的均富，以及有產者與無產者的均富，其內在關係是，若沒有政府對民間的均富，有產者與無產者之間的均富也不可能發生。

在過去的20年裏，政府在經濟活動中的得益遠遠大於民間。2012年，全國GDP為51.9萬億元，政府的財政收入為10.3萬億元，這還未包括中央企業贏利、地方政府的土地收入和規費收入，匯

總計算，政府在經濟活動中的得益比例應超過30％。2013年2月，中國物流與採購聯合會公佈數據，全國物流企業的運輸成本支出約為3萬億元，而其中，各地政府徵收的過路過橋費就占到1/3，高達1萬億元。另以爭議最大的房地產行業為例，據經濟學家郎咸平計算，政府總共徵收12項稅和56種費用，土地成本及稅費占到了房地產平均價格的70％。他因此呼籲，「房價下降唯一的辦法是政府取消稅費」。

在未來的改革中，政府實施大規模的減稅政策、減輕企業高負痛苦，以及加大對醫療、教育及社會保障體系的投入，是實現均富的根本之道。自先秦諸子以來，「均貧富」就是歷代思想家和治國者最為古老和原始的治理理想，四大利益集團唯有獲得均衡性的收益才可能維持社會的穩定及進步。大一統的中國很難拒絕一個強大的政府，但應該控制它的欲望。

三個最特殊的戰場：國有經濟、土地和金融業

在很多人看來，中國經濟最不可思議的三個部分，就是龐大的國有經濟體系、土地國有化以及政府對民間金融業的全面壓制。此三項為未來經濟改革的主要戰場，已是政經界的共識，不過，在策略選擇上存在嚴重分歧。

在2012年，一些被改革拖宕而激怒了的國內經濟學家提出了一系列激進的自由化主張，其中包括立即推行土地私有化、國有企業進行私營化改造、撤銷國資委、撤銷發改委等，有人甚至建議將

國有資產以一人一股的方式分配給每一個國民。這些「看上去很美」的主張，在民眾中引起極熱烈的呼應。然而，若我們回到歷史的基本面來觀察，也許問題要複雜得多。在歷代經濟變革中，此三大困疾均為核心命題，關乎國運興衰，它們如同中央集權制度一誕生下來就隨體而至的「胎記」，絕非一刀切除便可一勞永逸。

首先，在國有經濟改革方面，就如同很多人將中央集權制度與獨裁專制畫等號一樣，國有經濟也被打上了意識形態的記號，不少人認為，中國要成為一個完全的市場經濟國家，就必須讓國有經濟退出歷史的舞臺。但是，這樣的必然性推演是否成立，是值得探研的。中國是「國有企業的故鄉」，自管仲變法以來，政府就開始對重要資源實行專營，到漢武帝晚期對國營政策的質疑就不絕於耳，在西元前81年的鹽鐵會議上，桑弘羊對儒生們提出的那幾個問題，一直到今天還沒有找到答案。因此，歷代政府從來沒有一個有勇氣消滅國有經濟體系。1998年之後，國有企業通過資源壟斷實現暴利的過程，其實是一次並不陌生的「歷史性回歸」。在沒有尋找到更好的國家治理模式之前，對於以「統一」為最重要文化和治理目標的中國來說，國有經濟的全面瓦解是不可思議的。在楊小凱看來，「私有化涉及產權的大的變動，短期內一般會使效率下降，所以應該慎重，而且應該掌握時機。但是自由化是可以提早搞的。這裏講的自由化不是指自由價格，而是實行自動註冊制，讓私人經營所有

行業」。①

　　因此，未來國有企業改革的主題不可能是「如何消滅」，而是如何管理及分享其利益所得，改革的任務可以被分解爲三個方面：第一，「政、黨、企三分開」，改變現有的國資委與黨的組織部雙重直接管理的模式，政府以出資人的身份行使權職，將企業決策、經營權還給董事會和管理層；第二，「全民企業全民分享」，將大部分國有企業的資本注入社保基金池，以轉移支付的方式使之成爲全社會的福利；第三，改變一百多家中央企業的權益分配模式，地方政府通過稅收留成和利潤分享的方式參與利益分配，同時將這部分所得定向投入於社會保障和公共設施的建設及維持。

　　其次，在土地改革方面，自商鞅變法以來，絕大多數的朝代均推行土地私有化政策，當今的土地國有化確乎面臨一場法理和政策層面的大檢討。土地改革面臨幾個無法迴避的現實難題：第一，對政府來說，土地不但是利益最大、成本最低的收入來源，而且是實施城鎮化建設的政策性資源，若失去操作權，國民經濟的運行邏輯將重新設計；第二，在宏觀調控中，土地成爲消化貨幣流動性過剩的「大池子」，它比印鈔機要可靠得多，未來可能爆發的人民幣危機需要從土地中得到喘息和緩解；第三，土地成爲民間財富重新分配的「變壓器」，若處置不當，反而會激化貧富矛盾，出現龐大的

---

① 楊小凱：《後發劣勢，共和與自由》，北京天則經濟研究所雙周經濟學研討會，2001年12月1日。全文參見http://www.unirule.org.cn/symposium/c181.htm。

赤貧階層，釀成更嚴重的社會動盪。

　　因此土地改革的主題不可能是「立即私有化」，而是分成幾個層面的任務：第一，在充分宣導和對企業大幅度減稅的前提下，施行房產稅政策，讓地方政府既能從土地中持續受益，而又不再依賴一次性的拍賣出讓；第二，成立中央、省兩級「土地銀行」，將日後的所有土地出讓收入注入其中，進行資產化經營，所得用於社會保障體系的建設；第三，以農用山林地爲突破口，小步、循序地進行土地所有制改革的試驗。

　　最後，在金融改革方面，政府對金融業進行國營化管制是國民黨人的發明，自1935年法幣改革之後，國營資本就全面「接管」了銀行業，國民黨在臺灣仍然維持這一政策，到1987年開放黨禁、報禁前後，公營資本在臺灣銀行業中的比例仍高達79.9%，後來由管制而開放，歷經兩次「金改」，終於將金融業還給了民間。[1] 因此，金融業開放是市場自由化的最關鍵性戰役。自1993年之後，中國的民間金融活動一直遭到打壓，而國有銀行無論在經濟成長期還是在蕭條期都能夠利用政策手段獲得驚人的暴利，民間對之的不滿，在2011年的東陽吳英案中可見一斑。「千開放，萬開放，不如讓我辦銀行」，已成非常響亮的呼聲。2012年以來，中央政府選擇浙江溫州、深圳前海等地開展金融創新試點，試圖在離岸中心建

---

　　① 參見葉萬安：《從管制到開發：臺灣經濟自由化的艱辛歷程》，天下文化出版公司2011年版。

設、人民幣國際化、利率市場化等領域有所突破，這些改革仍然體現出中央放權、地方主導、民間參與的中國式改革特徵。隨著金融管制的壁壘被次第打破，民營銀行在中國經濟舞臺上的再度歸來應是可以期待的。

透過對三大特殊戰場的改革路徑探索，我們可以看到，儘管中國經濟體制改革的難度非常之大，其難點疑點幾乎在經濟學中找不到「標準答案」，然而，三十多年改革留存下來的財富也非常之大，拓進空間充滿了想像力。未來十五到二十年，製造業的出口能力、城市化紅利、內需消費的熱潮以及成為全球第一大經濟體的全民預期，都為改革打開了一扇不小的「時間窗口」。

四股前所未見的新勢力：互聯網、非政府組織、企業家和自由知識份子

在長期的大一統制度之下，中國社會各階層均有自己的毛病，其中最嚴重者，是四大意識的缺乏：地方缺乏自治意識、政府與民間缺乏契約意識、知識份子缺乏獨立意識、企業家階層缺乏階層意識。中國未來能否有大進步，實取決於此四大意識的喚醒。沒有一個國家的變革是對歷史的亦步亦趨，中國亦不例外。所以，我們不可能排除任何新的可能性。2013年的中國，變革的力量在朝野兩端同時萌生，尤其重要的是，隨著一些民間新勢力的出現，這四大意識的缺乏有被改進的跡象。

其一，互聯網。儘管互聯網誕生於美國，可是它對中國社會的

改造，遠遠大於對美國社會的改造。自20世紀90年代中期進入中國之後，中國的互聯網經濟除了技術來自美國之外，在商業模式上幾乎全數變異，而強悍的國有資本在這個瞬息萬變的領域又毫無作為，因此造就了「陽光創業的一代」，這批年輕的創業家積累了驚人的財富，而且完成了中國企業與國際資本的對接，在納斯達克和紐約證券交易所上市的一百多家中國公司幾乎都與互聯網產業有關。近年來，電子商務的崛起在傳統製造業和服務業領域引爆了一場管道變革和消費者革命，截至2012年11月30日晚上9點50分，阿里巴巴的淘寶和天貓兩大平臺的總交易額已突破1萬億元，占全社會消費品零售總額的5%。更大的改變是，互聯網重構了中國的媒體和社交生態，特別是博客和微博的出現，讓傳統的輿論管制方式無所適從，它們成為了言論自由、輿論監督和推動政務公開的新平臺。

其二，非政府組織(NGO)。明清以來的中國，民間活躍著兩種非政府組織：一是數以十萬計的基層宗族組織，二是以鄉籍為紐帶、遍佈於兩萬個市鎮的商會，它們成為民間自主管理的基礎。這兩種組織在「土改」、人民公社化運動以及公私合營運動中被相繼摧毀，從此之後中國民間在很長時期內如一盤散沙，再無凝聚之力。近十年來，各種非政府組織如雨後春筍般地出現，這是中國進入公民社會和中產時代的標誌性事件。它們在上百個領域以各種方式展現了民間自主的力量。目前還沒有一個機構公佈現有非政府組織的數量，粗略計算應該在5萬個以上，它們大多不在政府力量的

管控範疇之內。2008年，中華環保聯合會公佈全國的環保非政府組織有3539家，抽樣調查顯示，在各級民政部門登記的僅占23.3%。2012年3月，民政部中華慈善捐助資訊中心宣稱，美國在華非政府組織約有1000家，僅有不到3%具備了合法身份。這些數據都顯示出民間力量拒絕管制的自主姿態。

　　其三，企業家階層。截至2012年年底，中國有1085.72萬戶私營企業，4050萬個體工商戶，人數總和超過韓國的全國人口。中國歷史上從未出現過如此人數龐大、富有和擁有力量的有產者階層，可謂「千年之一大變」。布羅代爾曾很簡潔地說道：「中國社會，政府的權力太大了，使富有的非統治者不能享有任何真正的安全。對任意徵收的恐懼始終揮之不去。」這一景象在當今中國仍然存在，近年來的移民現象便是有產階層試圖逃避的一個折射。然而，絕大多數的經營者仍將繼續他們的事業，他們有機會以獨立、不依附的精神，改變自己的命運，進而改變中國。

　　其四，自由知識份子。自隋唐推行科舉制度之後，中國實際上便失去了產生自由知識份子階層的土壤，正是1905年的廢除科舉制，才誘發了20世紀初那場燦爛的新文化運動。近十年來，民間出現了眾多游離於體制之外、以自己的專業能力謀生的知識份子，越來越廣闊的市場空間給予了他們生存的機會。以思想研究為己任的民間智庫層出不窮。在博客和微博上，更是湧現出很多大膽的「意見領袖」。

　　上述四股新勢力，對維持中央集權的四大基本制度構成了挑

戰，以「自上而下的控制」爲特徵的治理模式面臨有史以來最重大的一次改造，而其博弈的過程將貫穿整個中國改革的全歷程。沒有人能夠清晰地告訴我們，二十年後的中國將是一個怎樣的模樣。對「大國崛起」的高調歡呼，以及對中國崩潰的悲觀預言，其實都很難構成歷史的全部。

1948年，在中國遊歷長達16年之久的美國學者費正清完成了《美國與中國》一書，這是第一部以比較研究的辦法系統性地考察中國問題的作品，在這部成名作中，費正清用忐忑叵測的心情寫道：「中國可能選擇的道路，各種事件必須流經的管道，比我們能夠輕易想像到的更窄。」[①] 到1983年，《美國與中國》的第四版修訂出版，年邁的費正清仍然小心翼翼地寫道：「人民共和國內部的革命過程，最好作爲兩場革命來理解，一場是經濟方面的，另一場是社會方面的，這兩場革命有時互相配合，有時則互相抵觸。爲發展經濟而進行的鬥爭……我們一般都能懂得。但社會方面的改造卻同美國方式大異其趣，令人很難理解。」[②]

如果說科斯將中國崛起看成「人類行爲的意外後果」，是一種純粹的西方視角，那麼，眞正在中國大地上行走過的費正清卻寧願相信中國走在一條「難以理解」卻符合自身邏輯的、更「窄」的道路上。也許，他是對的。

---

① 費正清：《美國與中國》，張理京譯，世界知識出版社1999年版，第452頁。
② 費正清：《美國與中國》，張理京譯，世界知識出版社1999年版，第374頁。

跋

　　1850年12月，時年45歲的托克維爾在海濱小城索倫托給友人們寫信。在過去的十多年裏，他因《論美國的民主》一書而聞名歐洲和北美大陸，可是從那以後，他一直爲尋找新的寫作主題而苦惱不已，他在信中寫道：「我一邊穿越索倫托的群山，一邊開始尋覓主題，它對我來說必須是當代的，並能爲我提供一種手段，把事實與思想、歷史與哲學本身結合起來。依我看，這就是問題的條件……」「青春逝去，光陰荏苒，人屆中年；人生苦短，活動範圍日蹙。……我只能考慮當代主題。實際上，公衆感興趣、我也感興趣的只有我們時代的事。」也正在這幾封信裏，托克維爾宣佈將創作一部關於法國大革命的專著，這就是他的另外一部偉大的傳世之作——《舊制度與大革命》。

　　記得是2010年的盛夏，我曾去過索倫托，那是義大利南部的一個非常幽美的小城，居民依山建屋，面朝大海，小徑蜿蜒局促，到處都是花店和精緻的小咖啡館。我在那裏閒居數日，遊逛過小城的很多山道，卻並不知道一百多年前歐洲最先鋒的思想家曾在此徘徊焦慮。此時此刻，我開始寫作這本《歷代經濟變革得失》，在查

閱資料時，偶然讀到這段軼事，便突然地生出別樣的親近，算算年紀，我竟也已四十有五，正感慨於白髮間生、歲月流逝，也為寫作而日夜焦慮。

對於任何一個鑽研學術的人來說，創作主題的選擇永遠是最要緊的。前輩經濟學家張五常曾說：「問題有重要與不重要之分，做學問要找重要的入手。生命那麼短暫，而一個人的創作期更短。選上不重要的問題下功夫，很容易轉眼間斷送學術生涯。」於此，我深有體會。從2004年開始，我著手於當代中國企業的實證研究，這個課題的靈感來自於在哈佛大學做訪問學者時的幾次座談，我發現西方人對中國經濟崛起所知甚少，多有偏見，在2007年和2008年，我出版了《激盪三十年：中國企業1978-2008》上下卷，其間，我又溯源而上，相繼寫作了《跌盪一百年：中國企業1870-1977》上下卷、《浩蕩兩千年：中國企業西元前7世紀-1869年》，由此完成了對中國企業的整體敘述。2010年，我還出版了《吳敬璉傳》，通過對這位當代知名度最高的經濟學家的傳記體寫作，梳理了新中國成立後宏觀經濟理論的衍變軌跡。九年以來，這一系列的寫作耗去了我今生最好的時光，如今又將我逼到了這本書的面前。

開始本書寫作的時刻，中國改革又走到了一個十字路口。我此時的心境，已與2004年決意投入《激盪三十年》寫作時，有很大的差別，熟悉我的作品的讀者，當有所體察。若說當初尚有「探訪者」的興奮心態，那麼，今天的我則如同捧著一只薄胎瓷器的行者，心生畏懼，只求寸進。

我要表達對很多人的感激之情，他們是我的師長、學友、接受

我訪談的專業人士、給予我啓迪的眾多著作者，浙江大學出版社的傅強社長、徐有智總編輯、袁亞春常務副總編輯，我的編輯王留全、余燕龍、陳麗霞和胡志遠。

當然最要感激的仍是我的家人。吳舒然同學已是一個長到一米六三的高中生了，我寫了那麼多的商業書籍仍然沒有培養出她對經濟的興趣。邵冰冰嫁給我已經二十年了，我將這本書作為一個紀念品獻給她。

書中所有的謬誤不當，均由我承擔責任。英國歷史學家約翰·阿諾德在《歷史之源》中說，歷史並不存在「單一的眞相」，「因爲沒有任何事實和眞相可以在意義、解釋、判斷的語境之外被說出」。[①] 我們所見的事實及所作出的論斷，總是受到時代視角、意義語境的局限，托克維爾不例外，本書亦不例外。

2014年1月繁體中文版即將在臺灣由華品文創出版公司出版發行。

吳曉波

2013年7月於杭州大運河畔

---

① 約翰·阿諾德：《歷史之源》，李里峰譯，譯林出版社2008年版，第120頁。

國家圖書館出版品預行編目資料

歷代經濟變革得失 / 吳曉波著.--初版. --
臺北市：華品文創, 2014.02
 320 面；17×23 公分
 ISBN 978-986-89112-6-0 (平裝)

 1.經濟改革 2.經濟史 3.中國

552.2   102027151

 華品文創出版股份有限公司
Chinese Creation Publishing Co.,Ltd.

《歷代經濟變革得失》

作　　者：吳曉波

總 經 理：王承惠

總 編 輯：陳秋玲

財 務 長：江美慧

印務統籌：張傳財

美術設計：vision 視覺藝術工作室

出 版 者：華品文創出版股份有限公司
　　　　　地址：100台北市中正區重慶南路一段57號13樓之1
　　　　　讀者服務專線：(02)2331-7103
　　　　　讀者服務傳真：(02)2331-6735
　　　　　E-mail：service.ccpc@msa.hinet.net
　　　　　部落格：http://blog.udn.com/CCPC

總 經 銷：大和書報圖書股份有限公司
　　　　　地址：242新北市新莊區五工五路2號
　　　　　電話：(02)8990-2588
　　　　　傳真：(02)2299-7900
　　　　　網址：http://wwww.dai-ho.com.tw/

印　　刷：卡樂彩色製版印刷有限公司

初版一刷：2014年2月
定價：平裝新台幣380元
ISBN：978-986-89112-6-0